学习如何学习

Apprendre à apprendre

[法]安德烈·焦尔当
[法]吉约姆·萨尔戴
著

沈 珂 译

华东师范大学出版社
·上海·

图书在版编目(CIP)数据

学习如何学习/(法)安德烈·焦尔当,(法)吉约姆·萨尔戴著;沈珂译.—上海:华东师范大学出版社,2023
 ISBN 978-7-5760-3565-0

Ⅰ.①学… Ⅱ.①安…②吉…③沈… Ⅲ.①学习方法 Ⅳ.①G442

中国国家版本馆 CIP 数据核字(2023)第 021073 号

Apprendre à apprendre
by André GIORDAN and Jérôme SALTET
© E.J.L., 2007 and © E.J.L., 2011, for the present edition
Chinese Simplified translation copyright © 2023 by East China Normal University Press Ltd.
ALL RIGHTS RESERVED.

上海市版权局著作权合同登记　图字:09-2020-624 号

学习如何学习

著　者	[法]安德烈·焦尔当　[法]吉约姆·萨尔戴
译　者	沈　珂
责任编辑	孙　娟
责任校对	刘伟敏　时东明
装帧设计	卢晓红
出版发行	华东师范大学出版社
社　址	上海市中山北路3663号　邮编 200062
网　址	www.ecnupress.com.cn
电　话	021-60821666　行政传真 021-62572105
客服电话	021-62865537　门市(邮购)电话 021-62869887
地　址	上海市中山北路3663号华东师范大学校内先锋路口
网　店	http://hdsdcbs.tmall.com
印刷者	上海盛隆印务有限公司
开　本	890毫米×1240毫米　1/32
印　张	5.5
字　数	128千字
版　次	2023年3月第1版
印　次	2024年10月第4次
书　号	ISBN 978-7-5760-3565-0
定　价	48.00元
出版人	王　焰

(如发现本版图书有印订质量问题,请寄回本社客服中心调换或电话021-62865537联系)

学习：方法、情绪与自我
——代译序

"活到老，学到老"。似乎从诞生的那一刻起，我们便与"学习"二字结成了一种共生关系。孩提时，我们牙牙学语，到了学龄，开始学习阅读、书写、计算，从小学到中学，我们掌握了文史哲、数理化各科的基本常识，大学、研究生，而后进入职场，又开始丰富和拓展专业领域的知识。然而，在整个寻求知识、获得知识、运用知识的过程中，我们是否有那么一瞬间停下脚步，重新审视：我是否形成了适合自身的学习方法？我是否了解学习经历的过程？我运用的方法是高效、明智的吗？我是否依然葆有学习的热忱和动力？……即便是高分学生、成功人士，对于这些问题，或许也会有片刻的踟蹰犹豫。这部由国际著名生物学家、科学认知论研究专家安德烈·焦尔当和法国著名教育学家吉约姆·萨尔戴共同撰写的《学习如何学习》便能在一定程度上为我们答疑解惑。

《学习如何学习》首先是一本介绍学习之道的宝典，是有助于我们形成有效的学习方法的工具书与指南。它以先破后立的方式告诉我们：学习的关键，首先是理解。由此，"学习＝记忆"的神话被打破，任何脱离理解的记忆都是机械的、短暂的。事实上，尽管记忆是学习过程中不可或缺的因素，但真正的学习不能单凭记忆，还必须调动起所有过往所学。只有能够在不同的情境之中运用所学知识，才真正完成学习。因此，知识的意义不在于应付考试，而在于帮助我们调动知识提出并解决与学业、职业、生活相关的种种问题。这让我们重新探究和认识学习者、知识、认知能力、学习类型等这些与学习相关的关键词及其相互之间的关系。

在厘清了学习的本质和关键、学习者的不同类型、学习经历的过程等问题之后,我们便能进入了解和掌握学习之法的宝库中,而书中剥茧抽丝般的分析和讨论拨开了如何学习的迷雾,为处于不同阶段的学习者提供了有用建议。

若你处于中小学阶段的学习,可以从中寻找高效长久记忆、记课堂笔记、安排学习复习时间、制作时间表、学习卡、概念导图等的方法。

若你现在进入了大学深造,可以发现如何围绕主题提出问题,如何写好课程论文,如何做口头报告和小组报告。

若你在某个领域从事专业研究,可以借鉴项目进度时间安排、互联网上查找资料、设计完成研究项目、撰写学术论文、做口头汇报的方法。

若你是职场人士,可以学会如何在资讯的茫茫大海中不迷失方向,快速获取和处理有效信息。

《学习如何学习》以科学、简练(列举是书中最常用的论述手段)的方式引领我们进入情境、探索方法,但它并不是一本冷冰冰的关于学习之法的使用说明书,它是方法训练师,更是情绪导师,关注着学习过程中可能产生的各种心理阻碍,并助我们披荆斩棘。

面对学习欲望,它说"学习欲望是我们每个人与生俱来的""学习欲望是摆脱烦恼的良药",并提出了激发自我学习动力的方法和情境;面对错误,它说"犯错并不可怕,也无须有负罪感,关键是找到错误的根源,继而换一种方法再作尝试",教给我们正面看待错误、分析错误的步骤;面对焦虑,它说"预先准备有助于缓解焦虑",继而提出"我计划"活页、日程表等切实的措施;面对方法的普适与否,它说"根本不存在一种普适性的学习方法,更没有所谓的秘诀或者灵丹妙药。明智的做法是,寻找适合自己的学习方法……或者在多种方法中'自由切换'",并强调各人各法的重要性。

如果说书中罗列的具体学习方法为我们找到了打开学习之门的钥匙,对遭遇的情绪问题的关注帮助我们解决了学习之路上的障碍,那么最后奉上的这份添加了"自信与自尊"这两味真材实料的鸡汤则击中了我们内心那个渴望通过学习实现自我价值的隐秘角落。自信与自尊构成了学习强有力的推动力。没有动力,便不可能进步。强大的自信与自尊,自我价值的实现、达成愿望的迫切,对我们的一生都至关重要。这份鸡汤不油腻,很温暖。

《学习如何学习》是具有普适性的,它覆盖了学习的不同阶段,不同类型、年龄的学习者,简单或复杂的学习情境;但它又不是普适的,学习者的个体性始终是决定学习方法是否奏效、学习能否高效成功的关键。而本书真正想要帮助学习者锻造的,是一种深谙学习之道、掌握学习之法、塑造学习心理的能力。在知识迭代加速、信息大幅爆炸的当下,学到的知识会过时、会落伍,但学习的能力不会。

沈珂
于 2023 年元旦

目录

引言 / 1

第一章　学习的前提是理解 / 7

究竟何为学习？ / 10
学习方法各有不同！ / 12
如何看待"学习"这件事？ / 15
学习要经历哪些过程？ / 16
怎样才能更有助于"学习"？ / 17
如何避免犯错？ / 18
最常见的错误有哪些？ / 19

第二章　激发内在的学习欲望 / 21

具备内在的学习欲望有何用？ / 24
不想学，该怎么办？ / 25
摆脱烦恼的10条建议 / 26
探寻内在动力的源泉 / 28
如何激发自我的学习欲望？ / 29
何种情境有助于激发学习欲望？ / 30
将欲望化作努力 / 31

第三章　锻炼记忆力　/ 33

记忆与记录　/ 35
关于记忆有待纠正的 6 种观点　/ 36
各人各法　/ 37
具备"好"记忆的 7 项条件　/ 38
记忆是如何运作的？　/ 42
记忆术真的有效吗？　/ 45
有助记忆的其他方法　/ 45

第四章　学会提出问题与解决问题　/ 47

如何解决问题？　/ 49
如何提出问题？　/ 52
提出问题时的常见错误　/ 54
案例：关于拯救地球的主题，如何学会提出"好问题"？　/ 55
如何构建概念导图？　/ 56
如何寻找复杂问题的出路？　/ 58
自身遭遇问题，如何处理？　/ 61

第五章　学会掌握信息　/ 63

处理信息包括哪些步骤？　/ 65

如何查找信息？　/ 68

追踪时事，获得每日的资讯　/ 69

当时事新闻与学业相遇的时候　/ 70

如何在互联网上查找信息？　/ 71

网络上的新闻　/ 73

记笔记：有何用？如何做？　/ 73

为准备考试记笔记　/ 74

为准备项目记笔记　/ 75

记笔记的几条建议　/ 76

专心学习并使之卓有成果　/ 77

第六章　学会"贩卖"观点　/ 83

如何正确地写作？　/ 85

如何撰写学术论文？　/ 88

一切的一切，开头最重要　/ 89

练习不同，风格不同！　/ 90

如何准备一场口述性报告？　/ 91

做好口述性报告的几点建议　/ 93

需绕过的误区　/ 94

如何作小组报告？　／95
吸引眼球的过人之处　／96
如何论证？　／96

第七章　学会自我规划　／99

做一点规划，但不能过度规划　／102
开始行动前预留 30 秒　／106
课后预留 30 秒，同样有效　／107
学习要做预先准备　／108
如何制定自己的时间表？　／110
如何为准备考试合理安排？　／112
如何为要提交的作业或研究项目而做合理安排？　／114
学会设计、完成长期的项目：研究、书评、资料汇总、论文、
　　诊断实验等　／116

第八章　如何使身体状态适应学习　／121

好体魄的 10 个关键词　／123
为什么睡眠是必不可少的？　／125
为什么运动对好的体魄至关重要？　／127
如何缓解压力？　／129
为什么不放松下，缓解紧张情绪？　／131

学会放空　　/ 133

第九章　自信与自尊　/ 135

警惕:这两者很脆弱!　/ 137
自信　/ 139
自尊　/ 146
学习中学习者的地位　/ 151

第十章　遭遇失败,该怎么办?　/ 155

直面失败　/ 157
几种主要的错误　/ 158

引言

💡 为什么要学习如何学习？

- 因为无论是在学习还是在培训或者考试中取得优异的成绩,本身就是一种能力……成功的人总会本能地知道哪些事情该做,哪些事情不该做,或者说在成长的过程中学会分清这两者。
- 因为每一种培训,每一场竞赛,每一次考试,都有各自的规定,也有不同的准备方法,这就需要理解这些规定并去适应它们。陈述报告、写论文、做研究项目的方法都不尽相同,准备考试、写书评或设计项目都需要做笔记、记重点,但目的不同,做笔记的方式也不同。
- 因为每个人都有着不同的学习习惯、不同的做计划和熟记的方法。我们需要对这些习惯与方法有所认识、有所了解,这样才能不断地改进,同时也要知道,或许还有其他方法会更有效。

　　学习如何学习,并不是获取一点知识,而是让你越来越善于学习。回过头重新审视一下你的学习方法,重新审视一下你自己,这样可以进一步提高学习的效率。

　　学习如何学习,首先要学会自我规划。好的计划意味着好的开始,从整理书本、安排学习的时间和空间做起。其次是学会一些方法、路径和判断的标准,以更好地搜集和处理信息,尤其是更善于提出论据或者找到最佳角度进行阐述。最后,自创一些可以节约时间、方便生活的"小诀窍"。

何时可以学习学习之道?

你可以学习学习之道,当你切实地明白:
- 学习对你意味着什么?学习是"如何进行的"……学习对你来说有什么用?
- 各层级的教育(包括初中、高中、预科、大学、远程教育)在你学习过程中的位置、所扮演的角色、所起到的作用,还有如何利用好课堂、老师、习题和手边的各类资料?如何让这些资源为你所用并助你成功?

除此之外,还有:
- 你是否找到了有助于理解的方法,例如从犯过的错误出发,来帮助熟记,进而调动起所有已学知识?
- 你是否清楚自己的身体状态,以及吃、睡、休息等各种身体需求,以控制一直持续的紧张情绪?

本书便是围绕这些确实"无法回避"的问题而展开的,具体内容安排如下:

——**意识到个体所独有的学习方法**:关注的是每个人对自己学习方法的认识,特别是记忆方法,改变学习者与知识(各类知识)、与他人(包括学习同伴、相关的人、家人)关系的方法。

——**培养认知能力**:学会弄清情境、解决问题、处理信息,学会记笔记、做总结、报告、记忆、分享、确立规则……同时也要学会探索、发现、革新、创造、研究,并付诸行动,以不断锤炼自己。

——**提升个人能力**:学习管理自己付出的努力、在学习上的投入、因学习而生的情绪、学习时间、学习动机,目的是能一直保持学习的热情,不断地激沽和强化学习的欲望,同时也要学会在进行一个项目的过程中,结合其具体情境以及与周遭人和事的关系来看问题。

——清楚自己的身体状态和构造,尤其是跟学习相关的人体器官大脑:大脑的潜力无限,我们目前使用的不足以达到其千分之一。我们有时让大脑处于过度紧张的状态,或者超负荷运转,这样做毫无用处。适时地休息、小憩或者好好睡一觉,并不是浪费时间,而是为大脑皮层提供养分,这种养分既有饮食上的也有精神上的。

 小贴士

单纯地纸上谈兵,当然远远不够!你需要时不时地问自己如下几个问题:
- 你做过什么事?你是如何完成的?
- 你学到过什么?还有哪些是有待你去学习的?
- 还有更重要的,所有这些做过的、学过的,对你来说有什么用处?……

真正的困难或许便在于此。学习如何学习,其初衷旨在改善每一个人的习得过程,并在此过程中不仅培养他获取知识的能力,更重要的是帮助他学会如何凭借一己之力移除学习道路上的绊脚石。我们常常需要不断挖掘自身潜在的能力,来调动起内在的学习动力。

例如,你觉得数学很难,所以数学在你头脑中的印象会很糟糕。或者是因为,某一天,老师给出的解题过程非常复杂,或者是因为,数学的术语对你来说很难记,又或者是因为,你对数学不感兴趣,学了这一章又忘了前一章的内容。那你就告诉自己,数学无非就是一个大的搅拌器,你先把所有的要素都放进去,例如各种假设;然后启动开关,让机器运转起来,例如定理、证明——这里需要你选择正确的运转方式;最后你就可以得出结果。追问自己,这样数学还会让你畏惧吗?于是,情况就会有所好转。

你不喜欢地理、经济或者物理。你会想:"学这些,都没用!"只要你认为一件事物是毫无用处的,那么自然不会有学习的欲望。试着想一想,地理、经济、物理,这些学科是如何实现它们的有用性的,比如它们是如何被运用的,又有谁在运用它们,以此为契机,更好地去认识世界,这样你之后的学习就会轻松很多。

你很难将课堂上的各项活动联系起来,也很难将这些活动与更普遍的,甚至是课外的活动建立连接。如果是这样,你需要花点时间,重新回忆一下老师的讲授过程,理解所讲概念的含义,与老师沟通你的理解和想法,长此以往,你原先碰到的问题便再也不是问题了。

其实,我们每个人都具备源源不断的学习潜能。有些人很容易激发出自己的潜能,而有些人却很难,或没那么快地激发出潜能。对这个问题,我们经常是"想都没想过"。若想更善于学习,必须清楚地认识到自己正在做什么,尤其是:

- 你成功在哪里?是如何取得成功的?为什么可以取得成功?
- 你失败在哪里?是如何失败的?为什么会失败?

关键是:

- 你可以把本书中提到的一些建议与自己的学习方法不断地进行比照,直至找到更可行的方式。
- 你可以不断地尝试新的学习方法,并对这些方法的益处作出分析。

还有一点同样不容忽视,那就是你应当与其他人交流自己的各种学习方法。

紧接着,由你自己来选择最佳的学习方法,以自己的身份、不同的情境为依据。根本不存在一种普适性的学习方法,更没有所谓的秘诀或者灵丹妙药。明智的做法是,**寻找适合自己的学习方法……或者在多种方法中"自由切换"**。

本书适用于所有年龄段,特别针对 15—30 岁这一年龄层,他们或面临中学毕业会考,或面临高考,或面临社会公开求职。本书对重拾学业的群体当然也会有所裨益。

书中有些部分更适用于中小学生,而有些部分更适用于大学生。

本书的所有章节都相对独立……无须完全按照章节安排顺序阅读,可以依据你所遇到的困难或者你有待完成的任务选取相关章节有的放矢地阅读,而其他章节则可作为补充,在需要时再作浏览或阅读。

建议你时不时地翻阅本书,在不同的情境、不同的时间,你也一定会收获不同的感想,也许某些感想在某些瞬间是被忽略的或是不曾有过的,只因你在那时还未遇到类似的情况。

学习是为了将来?

如今,每一位年轻人,尽管他们尚不清楚这个社会是何等复杂,但也不得不为自己将来能在这个社会上立足做好准备。在未来的五十年间,他们无法完成对当下生活产生重大影响和变革的创举。依据那些到 2020—2040 年才可能"有用"的知识,以此进行推断,那简直是一场豪赌!

教育关注的首要问题不再是积累了多少知识,而是通过学习知识获得一种能力:无止境地探索的欲望,也就是说对不确定的或不熟悉的事物,保持着一种好奇心。

> 学会运用调查研究的手段,在这里起到至关重要的作用。我们每个人都应该学会搜集信息、运用调查手段或者提出论据进行论争。承担某个项目也不再仅仅是学习如何解决问题,而首先应该学会弄清情况,找到症结所在,并寻求解决问题的各种方法——应称之为解决问题的"最优化"方案,因为每个问题不可能只有唯一的解决途径。比如说,垃圾分类,这个想法确实不错……但若我们不考虑转变消费模式,减少垃圾产生,那么一味地强调垃圾分类又有什么用?
>
> 我们应该始终对周遭的一切人与事保有一种批判的眼光。同时也必须在不同的知识,自然科学、地理、历史、文学知识之间,在伦理、文化、社会之间,在知识与价值之间建构联系。什么是亟需掌握的或者应该首先学会的?它们又有什么用处?

想一想!

你知不知道有一门学问称为生物降解?任何一门学问一旦确立,很容易被固化成一种长期的教条,而慢慢形成思维定式,造成思想僵化。

然而,目前我们所处的世界充斥着不确定因素。我们所掌握的知识理应帮助我们更好地适应,更致力于创新,以应对世界的复杂与无常。自怨自艾是无济于事的,要知道一切都是复杂的、困难的!

第一章
学习的前提是理解

孔子曰：学而不思则罔，思而不学则殆。

学习并非我们所认为的那样!

学习并不单纯地等同于记忆。

学习的关键,首先是理解。真正的学习单纯依靠记忆是远远不够的,尽管记忆在学习的过程中不可或缺。同时,还必须调动起所有过往所学。只有在不同的情境之中能够运用所学知识,才说明真正完成了学习。

此外,某些做法确实大大简化了习得的过程。例如,亲身经历能让我们对知识的掌握更牢固,记忆得也更长久。另一种能有效调动起所学知识的方法,是常与他人交流。

反复研究所犯过的错误,也是一种非常好的学习方法。犯错并不可怕,也无须有负罪感,关键是找到错误的根源,继而换一种方法再作尝试。

因此,学习是:
- 理解
- 记忆
- 运用和交流
- 犯错……与纠正错误

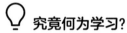 究竟何为学习?

学习是从我们已知的事物开始

我们的大脑并不是一张白纸,它不断地接收信息、处理信息,其阐释信息的依据是已经储存在大脑里的知识、经历、信条、概念。

学习是质疑自己

因为有时我们会发现,自己所掌握的概念是错误的。这时我们便要有能力纠正错误,并重新建构概念。

学习是调动以往所学的知识

知识若不被运用便很快会被遗忘。

学习需要借助复杂的运行机制

能使我们的学习变得更容易的情况是:

- 学自己感兴趣的事物或者与自己所提问题相关的内容;
- 若我们有足够的自信;
- 若我们从心底认同讲授人的观点;
- 若我们能将关注的问题与同伴们交流。

学习不分场合、不分时间

学习,首先是寻找那些千百年来困扰人类的问题的答案,比如:"我从哪里来?""我是谁?""我到哪里去?"

同时也要回答日常生活中碰到的问题。在读杂志、看电视、看电影、与朋友聊天、旅行……的过程中,我们都在学习。只要我们始终对周围的一切人与事保持自省的态度,那么随时随地,都有学习的机会。

学习,各有各的风格

每个人都有各自的学习方法:有些人倾向于依赖视觉,有些人倾向于依赖听觉,还有些人需要移动身体或者手里干点活儿才能学习,比如做实验、做调查……无论采用何种方法,关键是认清这种方法为何会奏效。

学习是不可或缺的

若不学习的话,如何才能对世界、对时事形成自己的看法?在当今社会,随着知识爆炸式的增长,媒体手段的多样化,以及新兴科技的发展,学习已然成为决定事业成败的最关键要素之一。学习,也意味着对所获取的信息保持警醒。

学习是为了掌控全局

全球化、全球性危机、新科技、新兴通信手段,这些渗透在我们生活的方方面面的挑战促使我们如今不得不终身学习。

因为信息技术的发展,学习变得更灵活、更透明,可以即时学习也可以远程学习,但只有具备掌舵的能力,这些益处才能真正发挥作用。因此,在使用新科技时要学会趋利避害。

总而言之,如果没有获取信息的能力,如果没有学习的能力,我们将会被这个世界所抛弃。

(详情请参见安德烈·焦尔当著,《学习的本质》,华东师范大学出版社,2015年)

第一章 学习的前提是理解

💡 学习方法各有不同!

每个人理解、记忆、运用知识的方式都不尽相同。

为了能够理解、熟记或是回忆：

- 有些人在头脑中构建、捕捉画面；
- 有些人依赖听觉，理解语词或句子；
- 还有些人需要联想成一种感受或是一种活动，甚至整个身体需要动起来。

勾勒你的学习过程

了解并弄清你自己的大脑里在发生些什么，是非常重要的。

这个问题没有标准答案。对自我的了解越透彻，那么自身能力也能发挥得越充分，当然学习也会变得越轻松。这里提供给大家几种可以更好地认识自己的路径。

当你想要学习的时候：

你会不会构建一些图景或是连续的画面？在你的头脑里会重新浮现出记过笔记的那一页纸吗？

你会编一个故事吗？你会用自己的话重新叙述笔记的内容吗？你的耳边会再次响起老师讲课的声音吗？

你需要将话语与情感联系起来吗？需要身体活动一下，或者亲身"体验"你所学过的知识吗？你需要重新誊抄一遍笔记吗？

- **如果你符合第一种情况，那么你属于视觉型**。借助图像，你会学得更轻松。这些图像如照片或者影片一样存储在你的大脑里。

例如：
你要学习第一次世界大战中发生的大事，那么你就可以在大脑中构建时间线，把大事置于时间线上。

- **如果你符合第二种情况，那么你属于听觉型。**借助话语或者声音，你会学得更轻松。那就用自己的话编一个故事，或者再聆听一遍老师的讲述吧。

例如：
你可以把第一次世界大战中发生的大事串联起来，编成一个故事讲述出来。

- **如果你符合第三种情况，那么你属于运动觉型。**借助感觉、情绪，你会学得更轻松。试着把想法与感觉、动作关联在一起吧。

例如：
若要记住第一次世界大战中的重要日期，你可以写下来或者用动作表现出来。或者也可以回想一下当时学习这些日期时的场景。

学习当然不仅仅只有上述三种类型。但通过这样的分类，你完全可以找到属于自己的类型。对自己学习模式的思考越深入，那么取得的进步也会越大。

掌握的学习方法越多，学习也会变得越容易。

清楚自己现有的学习模式很重要，但学着去尝试其他的方法同样重要。

视觉型的学习者倾向于：

- 从整体上全面地理解一个问题；

- 忽略细节,直击问题要害;
- 不太线性地、按部就班地、一点点地分析问题。

建议:
- 各种想法冒出来时,将它们有条理地组织起来,而不只是毫无章法地加以介绍;
- 锻炼自己用话语重新表述这些想法,可以的话,最好对着自己说一遍,甚至可以用手势来表现细节。

听觉型的学习者倾向于:
- 线性地、按部就班地、一点点地分析问题;
- 不太会从整体上全面地理解一个问题。

建议:
- 要有全局观,从整体上看待一个问题,在纸上写下一节课的大纲,用示意图或概念图的形式都可以(参见第四章"如何构建概念导图?"这部分的内容);
- 在头脑中梳理出不同信息之间的关联。

运动觉型的学习者倾向于:
- 用身体的活动让信息进入大脑;
- 通过感官来获得信息。

建议:
- 训练自己用拍电报的方式写下所有的信息,以此代替身体的活动;
- 尝试将画面与动作联系起来;
- 尝试实践自己的想法。

💡 如何看待"学习"这件事？

学习方法并不是评判学习高效与否的唯一标准，与知识之间的关系也是另一个至关重要的判断因素。那么你是如何看待"学习"这件事的呢？下面列出了几种类型，试着从中找到与自己匹配的一项。

智慧型	智慧型的人爱学习。他们一般爱独处，性格内向，看起来与人有距离感。这一类型通常都是好学生。
活跃型	活跃型的人好动。他们天赋异禀，决定做的事总能做好。但这并不意味着他们一定是好学生。他们更多依赖的是自己的小聪明。
讨喜型	讨喜型的人更多的是为取悦家长、老师而学。这一类学生易合群又乐于助人，很讨人喜欢。但是，他们需要被认可、被尊重，才能得到自身的充分发展。
完美型	完美型的人害怕做错事。他们总能看到事情可能存在的弊端。他们常常会忧虑、不安，做好一件事需要花费很长时间。
情绪型	情绪型的人依据情绪行事，而他们对情绪又缺乏自控力，因此对事情的反应会非常夸张。他们富有创新精神，追求特立独行。
激情型	激情型的人热爱生活。他们总能看到事物积极的一面，但秩序和纪律常会让他们抓狂。
反叛型	反叛型的人不会轻易展现自己软弱的一面，以免受到别人的攻击或伤害。他们很容易与别人针锋相对，吵得面红耳赤，因此他们可能成为让老师头疼的学生。

（上述类型引自让-弗朗斯瓦·米歇尔著，组织出版社于 2005 年出版的《学习的七种类型》）[1]

---

[1] Jean-François Michel，*7 profils d'apprentissage*，Editions d'organisation，2005.

💡 学习要经历哪些过程？

学习的方法是多样的。依据学习的内容，尤其是已知的和将要学习的两者之间的差异，我们可以选择不同的学习方法。

通过接受来学习

通过传授者，即老师的直接传授，我获得知识。

我接收信息，记录信息。

这一方法适用于涉及的知识恰好可以用来回答某个问题，学习者恰好得闲，传授过程中无词汇障碍，老师讲解的意义，学习者能很快领会。

通过行为来学习

通过情境限定与训练来学习。我处于某个情境中，在这个情境中我要学会一种技能，比如借助软件也可以。若我的行为是对的，那么我便获得了技能；若不对，那么可以通过调整情境，逐步改善自己的行为。

这一方法适用于学习一种技术技能，比如拍皮球、钉钉子。

通过建构来学习

我从自己的需求和兴趣出发，通过自主发现、自我探索、自由表达、与他人的论争等积极主动的方式搭建自己的知识架构。

这一方法有助于提高主观能动性或使一门知识变得更丰富。

通过变构来学习

任何成功的习得都是非常复杂的过程,甚至其中充斥着矛盾。思维体系能接纳新的知识,然而,通常它也会排斥一切与之相违背的新信息。

学习既要依赖于已知,但同时也要打破已知以便消化新的知识。建构与推翻建构是同时进行的。但是,在我们完全将新知识内化并证明它是有价值的、有效的之前,我们是不会抛弃旧知识的。

你最先记住的一定是期待已久的信息,比如那些:
- 你内心坚信不疑的;
- 令你高兴、感动的、吸引你注意的;
- 能让自己的立场变得更坚定的。

你会忽略或者摒弃其他信息,即便那些信息对你有用。事实就是如此,必须要认识到这一点。

学习,既是"抛弃"不合时宜的知识,也是内化适宜的知识。这是一个多重转变(问题的转变、原初观点的转变、论证方式和习惯的转变等)的过程。

 怎样才能更有助于"学习"?

我学习:
- 当学习对我而言有意义和我认为学习有价值的时候;
- 当数据开始吸引我、有助于我发展的时候。

总而言之，学习是：

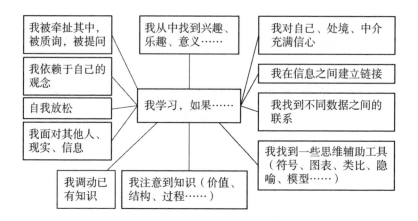

💡 如何避免犯错？

> 经验，即每个人对所犯错误的命名。——奥斯卡·王尔德
> 思考，便是从一个错误走向另一个错误。——阿兰

犯错对学习至关重要。个体在任何学习的过程、行动、革新、创造中，都避免不了犯错。

要想让错误帮助你进步，那么必须要分析错误：

- 想办法弄清楚错在哪里；
- 想办法弄明白为什么会出错。

这恰恰是我们在运动、演奏乐器或是打电玩的时候所做的：不断地尝试，从每一次错误中吸取教训，继续向前，从不气馁。

从正面看待错误，有助于进步。

分析和理解错误，可以做的是：

- 重视作业本上老师所作的批注；
- 重视老师在批改练习、递交作业时给出的口头意见；
- 把自己的作业本前后对照着看，找出最常犯的那些错误，把自己的作业本与其他同学的对照着看，看看同学是如何完成的；
- 向老师寻求建议，特别是让老师详细解释批阅意见。

要想彻底纠正一个错误，必须要有强烈的意愿不再重犯。小的错误与大的过失不同，这恰恰也是一种学习的方式。小错误也不能与不懂画等号。

回顾做过的练习或测验应该成为一种认识错误、理解错误、明白如何纠正或规避错误的本能反应。如有必要，可以寻求别人的帮助。

害怕犯错可能会阻碍前进

学会正确对待他人的目光，尤其是家长和老师的态度。想一想犯错带来的好处吧。如果你从不允许自己犯错，那么你永远不是个会学习的人，也更不可能有独树一帜的创新。

请一定记住，一条批注仅仅是对你所交作业的评阅，并不是对你这个人的评判。

 最常见的错误有哪些？

我没注意到。	紧张会影响你，让你无法找到好方法。锻炼学习的专注力。
我没学过。	- 缺少时间。 - 缺乏主动性。

(续表)

我没弄懂学的内容。	寻求老师或者同学的帮助,不要遗留下任何似懂非懂的地方。
我忘了。 我以为我学过了。	记忆力也是需要训练的。(参见第 35 页)
我以为我懂了。	通过向自己提问,回答书本每一章节结束提出的问题或者重做练习,来检验是否真正弄懂了学过的内容。
我理解错了题干的意思。	仔细阅读题干的要求,别着急,慢慢读,别漏读。想一想题目要求你做什么。看清每一个词,弄清它们的意思以及词与词之间的关联。
我太紧张了。	一种很好的缓解紧张的方法(参见第 129 页)是看看你是否能够重新叙述或者重新写下已经学过的内容。
我觉得自己肯定做不到。 我想表现得酷一点。	培养自己的自信心。(参见第 24 页)
我题目做不完,时间不够。	养成时间管理的习惯(参见第 102 页)。在家训练自己在规定时间内完成测验(书面或口语练习……),注意计时。
我忘了一个词,一种观点。	每一次将自己想说的、脑海里出现的以及当时真正写下来的对照比较,通过这种方式,让人恼火的临时忘词就再也不会发生了。 — 经常重读题目要求和自己拟的草稿。 — 试着回想提纲内容和课上范例展示的习题。
我表达得不够明确。	读一读题目要求和你完成的作业,看看老师到底想让你如何表达,明确到怎样的程度。

第二章
激发内在的学习欲望

激发出学习的欲望,那么所有方法都是好方法。
——让-雅克·卢梭《爱弥儿》,1762

一切好的教育法都始于激发学习的欲望。
——弗朗斯瓦·德·克洛瑟《学习的幸福》,1997

在人类所有的能力中，有一项是非常可贵的，那就是人"设想未来"的能力。开启一场通往未知的旅行，尽己所能地希望在已知的基础上添加一些新知，这一行为的缘由和动力又是什么呢？我们不妨将之命名为"学习欲望"。

当然，我们也可以称之为"好奇心"或者"主动性"。

它是一种动力，体现在各个方面，它启动了学习的全过程，但同时又被学到的知识或者尝试过的方法所塑造。若失去欲望，那便无法提出问题，也不存在学习。

这种欲望在孩童身上表现得最为明显，但随着一步步地升学，呈现出递减的趋势。常见的情况是，到毕业，欲望完全消失，即便学习成绩优异的孩子也不例外。

殊不知，学习欲望是摆脱烦恼的良药。

如何保持学习欲望？

如何在学习欲望消失的时候使之重燃？

如何意识到学习欲望的存在或者如何增强这种欲望？

知识通常是一种寻找问题答案的尝试。

💡 具备内在的学习欲望有何用?

- 我们越想学,便越会提出问题,因此越有欲望想要弄明白。
- 一旦产生学习欲望,记忆力会运转得更好,无论是学习新知识或是运用已有知识的时候(比如考试或者做研究项目)。
- 我们的烦恼会减轻。
- 会改变我们看待他人和看待我们所学知识的视角,也会改变他人看待我们的视角。
- 欲望能推动我们实现目标,完成任务。

"我快烦死了!"

有些人为了让自己变得更受欢迎,为了让别人觉得自己很酷,碰到任何事情,都会用一个词形容:"烦"。这样做很糟糕,并会成为学习道路上真正的绊脚石。我们只有主动想学的时候才会学得更好。而且,这种态度很容易激怒老师,到最后,小伙伴们也会很恼火。

对自己诚实

课堂上,我们有时会消极地等着一节课结束,而不会想办法让自己全神贯注地听讲。原因有许多种:

——不明白学习这门知识有什么用;

——害怕自己学不会。

有时候,也有可能是自尊心在作祟:不好意思承认或者直接说自己在某门课的学习上有困难。

因此,"烦"成了自我保护或者消极等待的方式。似乎这样一来,时间便能奇迹般地改变什么。

问题是,这样的态度会让事情变得更加糟糕。好的做法是,勇于承认自己学习有困难,并寻找方法解决它。尤其是要找到能让自己主动学习的"好理由"。经过一番努力,跨越一些艰难,情况一定会大大好转。

要想节省时间,重新激发学习欲望,我们也可以变换一下学习内容。

不过千万注意!变换内容之前,一定要切切实实地问自己这些问题:

——我这样做是不是一时兴起?

——我是不是因为害怕面对所以想要逃避?

——这到底是不是一个积极的选择,而不是想要偷懒?(比如说)

于是,我可以对这一决定做一个"权衡":

——我会获得什么?

——我会失去什么?

从短期和从较长的一段时间看……

💡 不想学,该怎么办?

当我们感觉厌烦的时候,常常是我们在精神上处于被动的时候。

"好"烦恼与"坏"烦恼

好的烦恼有利于沉思,追求自我与自我的身份,也有助于思想上的天马行空,培养想象力,甚至缓解焦虑。

坏的烦恼会让我们不断地原地打转,抓耳挠腮,而思维完全停滞。

两种需反驳的成见

1. 不是每一件必须完成的、严肃的事就必然是无趣的,也有一些事能让人有动力去做,但并不一定是"好玩的"。例如,我们进行体育运动或者练习乐曲,会无数次地重复同一个动作,我们并不会觉得这么做非常无聊,因为我们想要进步,想要做得对,弹得好。

2. 另有一种说法,要是不跟小伙伴做同样的事,那么就不会有伙伴。这种说法是短视的。恰恰相反,若是你主动性强,有主见,行动力强,那么便会有更多的朋友。小伙伴们都更愿意靠近你。

 摆脱烦恼的 10 条建议

你是不是愿意试着自己找到方法,而不是等着别人把你从烦恼中拉出来?

1. 找到能激发自己动力的事物。
2. 制定计划。
3. 给自己一些挑战。
4. 确定目标以及实现目标的期限。
5. 听课,同时想一想,若你站上讲台,你会说什么。
6. 尽可能地参与互动:问问题、发表观点、分享经历……
7. 建议一些不同的活动。你可以建议老师,做一个你感兴趣又与课堂内容相关的专题报告。
8. 负责一项活动(搜集资料、进行调研、组织小组交流……)。
9. 进入某种角色:记者、调查员……
10. 寻找其他的学习方法。

怎样才能激发或者增强学习欲望？

学习欲望是我们每个人与生俱来的。我们能感受到，学习普遍的知识，或是学习某个特定的主题，都能产生趣味、快乐和幸福。以下列举的其他理由（见内圈）也有同样的效果，只要具备充分的自尊。

学习欲望也可能产生于外部（见外圈）。

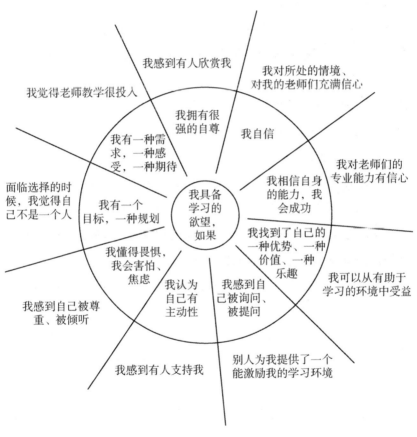

有助于激发学习欲望的参数
（内圈：个体参数；外圈：学习环境参数）

💡 探寻内在动力的源泉

一项活动需要占据时间，但也能让我们度过一段美好的时光。要想激发学习的欲望，并使之成为学习的动力，那么这项活动必须是一项我们常说的有生命力的计划或者塑造人的计划。学习者若有意愿开始投入学习或者接触新知识，那他一定需要强烈地感受到自身存在的某种"缺失"。举例来说，对大脑科学感兴趣的人，他应该是感觉到他对自我或对自身能力没有足够的控制能力。他不知道自己的大脑是如何运转的，现有的认知无法让他"活"下去，因此，"他一定错过了一些东西"。认识大脑，不再是积累一些诸如神经元、神经递质之类的概念，而成为达成所愿或实现计划的必经之路。

学习欲望产生的源泉是多样的，我们也无法在此穷举（见前页图示）。对每个人来说，源泉都有所不同，需要自己去找到它。

学习的意愿不仅仅只有一个，而是有许多许多。慢慢去找到属于自己的，特别是对自己尤为重要的那些意愿。

长久以来，哲学家、心理学家、教育学家都曾认为每个人的内心都有学习的欲望。照这样说，学习是"与生俱来的"，若出现学得不好或不好好学的情况，那一定"是有原因的"。这些所谓的原因也会随着时代的变化而变化："智力缺陷""不良天性""社会文化障碍""教师水平不够"，等等。

现如今，我们对此的看法则更为谨慎。我们认为欲望是取决于个体、与个人相关的，从他（她）出生到死亡的整个过程。因此，我们每一个人必须调动所有能调动的，激发、保有、维持学习的欲望。唯有靠你自己才能具备这样的能力,任何一种培训或者教授都无法替代,充其量也只是起到一些推波助澜的作用。

一周花上半个小时,安安静静地待在家里,泡在浴缸里,躺在床上,窝在沙发里,好好想一想:

— 到底是什么推动着我?
— 我到底为什么一大清早起床?

知道自己想要什么,用尽一切(可能用尽的)办法争取自己想要的,这比怨天尤人或羡慕别人的生活要有意义得多。

一旦满心悔恨而不再怀有梦想的时候,人便已老矣!

💡 如何激发自我的学习欲望?

学习欲望的产生往往是与正在学习的知识本身直接相关的,因此:

——想一想这一课的主题,你感兴趣的是哪些地方?或者,至少找到能让你感觉有意思的地方;

——寻找这一课的关键点;

——想一想在已习得的知识中,有哪些是与这一课有关联的?

如果说知识是通往职场或是爬得更高的"必经之路",那么必须找到除有用性之外的其他更高层次的缘由:

——这一学习过程将为你的未来带来什么?(更大的财富?更多自由支配的时间?名望?发展潜力?)

——这一学习过程能带给你更多的快乐?建立更强大的自尊?

——这一学习过程能让你提升自我价值?

——你学习是为了取悦老师,让老师或学习同伴们刮目相看?

——这一学习过程是不是只是一个会友、搭讪的托词？

不妨诚实地面对自己……

💡 何种情境有助于激发学习欲望？

若你从自身无法激发出欲望，那么可以在外部寻找。

如果学习情境具有以下特征，便能激发欲望：

——情境具有新鲜感，而非一成不变；

——情境能够提供选择的机会；

——情境导向的是问题，而非答案；

——个体感受到充分的自主性。

根据个体身份的需要也可以设计其他的一些情境。对于一些艰涩的难题，比如数学上的运算、对称、几何图形，我们可以让学习者试着把自己想象成正在钻研这些难题的数学家，或者想象成这些数学家提出的难题本身，或者代入到他们提出这些问题的情境之中。

要是遇到对某个主题或某个目标情有独钟的情况，我们甚至可以借鉴学校常用的一些做法，尽管这些做法很让人讨厌，但学校之所以经常用，或许也有一些特别的意义。一旦具备学习的主动性，便能自主学习，便会迫不及待地去搜寻资料，废寝忘食、潜心钻研。

一个喜欢滑滑板或溜旱冰的孩子可以无数次地重复同一个动作，而这一动作瞬间便被他赋予了意义。无论是失败或者害怕受伤，都不能让他退缩……那么文化课的学习不也应该同样如此吗？

 **将欲望化作努力**

欲望是不够的,必须付诸行动!

我们说的许多话都代表着良好的意愿,但同时也意味着痴心妄想,因此,"自我激发欲望""引导欲望""维持欲望"才是较为实在的措辞。立马要考虑的是技术,是工具、工艺,当然还有运用、调动知识体系,而后真正付诸行动。

说与做从来都不是一回事!

靠自己学、为自己学,这样就改变了学习者与知识之间的关系。欲望应当转变成想方设法实施职业规划或个人规划的一种强烈意愿。

由此,学习的欲望扎根于更宏大、更高级的现实之中,获得了巨大的活力。

欲望反映的是生命的问题。学习的欲望中蕴藏着一份强烈的愿望,那就是内化对世界的认知和关于人的学问,哪怕只是一小部分。

无论对儿童还是对成人,学习都是完成人的演进,参与到人类共同体中。而学习的欲望则有助于跨越在这个过程中的重重阻碍……

第三章
锻炼记忆力

记忆是思想的哨兵。
——威廉姆·莎士比亚《麦克白》,1605 年

在信息爆炸的时代,一个人会"被迫"记住越来越多的东西。

尽管不需要再记住长串的电话号码,但等待我们的是无数个密码。

互联网的存在让查找信息变得极为便捷,但同时也必须记忆无数的门道来管理这些信息:获取、筛选、分类、核实、建立关联、论证。

大脑的功能,我们使用到的不足千分之一!了解记忆的机制,意识到尚未挖掘的无限潜能,迫在眉睫。

如何锻炼记忆力?

如何能尽可能长久地保留记忆?

💡 记忆与记录

2002 年,一名英国人在仅看一遍的情况下,熟记随机混合的 54 副扑克牌,即 2 916 张牌。出错仅 8 张!另一名英国人在同样情况下,正确率百分之百,而且用时仅 31.03 秒……

2005 年,一名日本人熟记 π 小数点后 83 431 位。

2006 年,一名德国人熟记 15 分钟内随机出现的 214 个单词……

这样的例子不胜枚举，或许也只是一些无凭无据、过分夸大的个案而已，但起码说明我们能够更好地运用我们的记忆力。

💡 关于记忆有待纠正的6种观点

1. **熟记，不等于死记**——朗读一篇文章，然后眼睛盯着天花板不断地重复。

首先要想到的是记忆内容的重要性，这样才有欲望去记忆。

然后理解需要记忆的内容，因为只有理解了的内容才更容易被记忆。

熟记，也是学会从成功或失败的经历中获得经验，从而更好地预料、预测、意识到生活的各种情况。

2. **容量是不受限的**。不要因为担心大脑的容量不够而减少记忆的内容。记忆的运转与图书馆完全不同。你记忆的内容越多，你能够记忆的内容也越多。其实，你运用记忆力越频繁，记忆得到的锻炼也越多，从而也会变得越高效。

记忆跟我们想象的不太一样：它并不会保存最原始的回忆或者记录下的数据，而是不断地"粉碎"这些数据，根据所遇到的问题用不同的方式进行重组。

认知记忆（人体的四大记忆之一）的能力是巨大的，或者说是无穷的。我们用到的只是冰山一角。

---

3. **大脑里不存在记忆"中心"**。运用记忆力的时候，其实整个大脑

都在存储信息。

4. **睡觉不是浪费时间！**大脑运转的时间并非只有上课的时候，夜晚睡觉的时候也没有停止。正是在夜晚，大脑才会重组白天获得的信息。做梦也有助于记忆。这就是为何睡前阅读对记忆有益。

5. **永远不会为时已晚！**千万不要以为到 30 岁（或超过 30 岁），训练记忆力已为时已晚。对记忆的训练，任何时候都可以……只有不断地激活大脑功能，才能更容易地找回记忆。

6. **记忆的方式不是单一的**。必须知道，记忆的方式是多种多样的。为何不好好了解自己的记忆方式并加以充分利用，同时尝试一些别的方式呢？

各人各法

我们学习的方法各有不同，各人各法。有些人需要为记忆的内容配上图片，甚至索性将每一页作业、每张卡片、每本书都用画面来呈现。有些人通过自言自语或者自编故事的方式来记忆。还有些人需要用或高或低的声音将所学内容说出来，或者模仿表演，或通过活动身体，以此将动作与内容相关联，抑或是通过扮演相关人物（参见第 12 页）进行记忆。关键是哪种方式对你来说是最有效的。

还有其他许多方法可以帮助记忆上课内容。

- 有些人通过反复阅读课上的笔记，听老师的讲课；有些人则听自己的发言；有些则将课文的单词、图片"拍摄下来"，映入脑中。
- 有些人则习惯把一堂课的关键词着重标记，或者用不同颜色的笔和插图制作一张思维导图（参见第 56—57 页）来解释已学的

第三章 锻炼记忆力

概念。这些形象化的卡片是对一堂课真正的概括和总结。
- 有些人倾向于借助具体的示例来记忆一条规则,有些人则反其道为之。前者是一步一个脚印地从细节中学习规则,后者则先对规则有个大致的了解,而后进入细节。

至于哪种方式对你来说更有效,只能由你自己来决定。放心大胆地多尝试一些方法吧,有时换换方法也是不可避免的。关键是有一种最主要的方法,而后根据你对知识构建的需要不断地完善它。

具备"好"记忆的 7 项条件

1. 渴望记住

我们能更好地记忆,前提是记忆的内容对任务或项目有用,尤其是我们清楚地知道这些内容之后会有怎样的用处以及为什么有用。

我们能更好地记忆,如果记忆的内容回答了我们所提出的问题。

我们能更好地记忆那些令我们愉快或感动的东西。学习一门知识所投入的时间与所激发的兴趣是呈负相关的。对于那些"不得不"学的知识,我们或投入更多的时间,或想办法激发更浓厚的兴趣。

当我们渴望记住的时候,必须防止注意力分散、开小差的情况,这会影响大脑的运转。因此:
- 在一张整洁的书桌前学习;
- 用小纸片记录一些在脑海中一闪而过的想法,通过记录,也可以避免这些想法总是萦绕不去;
- 切勿虐待大脑:避免嘈杂的声音,不停地转换内容……大脑获得充分休息,才更有助于记忆。

2. 理解信息

只有理解了本质,才能更好地记忆。这一信息到底在讲什么?与已习得的知识有何关联?记忆能够在新的知识与已被记忆储存的内容之间建立联系。这一过程是通过对照的方式实现的:回忆如锚固般嵌入到记忆中。

因此,关键的是:

- 从已知内容出发去学习新的知识。比如,可以问问自己:"与这一主题相关的,我知道什么?""上一节课学到了什么?"
- 在已知的课程、事件、信息间创建联系……
- 就相关主题,向自己提问。我们可以借用传播学的 5W 技巧:谁?干什么?哪里?何时?为何?(即英语中的 who,what,where,when,why)

3. 组织信息

所学的内容若是可以集中在一个"结构"之中,成为一个清晰的、有逻辑的、层次分明的"整体",那么记忆会容易得多。

有些类似于拼图:任何新的知识都需要在大脑业已储存的其他知识中找到它自己的位置。这一新知识必须能够融入整体的结构中,否则便会出现排斥的现象。因此,记忆会不断地重组,犹如电脑程序添加新命令一样:新数据插入,找到自己位置的同时自动更新排序。

因此:

- 要明确信息:放置信息的方式直接、易理解;
- 要层次分明:先找到整体架构,而后再发现各个部分及其之间的联系;
- 努力使逻辑清晰:新知识与旧知识挂钩,未知与已知挂钩。

4. 认清大脑的活动习惯

认清自己平时是如何记忆的。习惯视觉记忆的人无法很好地记忆口述的信息，他必须先把信息转换成可视的图像才能完成记忆。而习惯听觉记忆的人则需要大声地朗读（或通过默读）才能完成记忆。对习惯动作记忆的人也是一样。

> 因此，将信息转换成心理形象：
> - 视觉的：若习惯用"再看见"的方式记忆。
> - 听觉的：若习惯用"再言说"的方式记忆。
> - 身体的：若习惯用身体活动的方式记忆。

同时看看是否需要重点标记关键词或制作思维导图，用不同的颜色和插图来解释学过的概念，或者是用举例的方式来记忆，或反其道而行之。

总之，可以使用不同类型的记忆方法：最好是将不同的记忆方式（视觉的和听觉的，以及其他感官的）结合起来。

因此，书写、绘画、做手工、做卡片……各种不同的方法都可以尝试。

5. 锻炼记忆力与完成体育锻炼项目如出一辙

任何记忆的过程都需要不断地重复来加以巩固。为避免遗忘，需经常激活知识。

多次重复有助于记忆：

- 课堂上专心听讲。
- 当天晚上，重新整理上课内容。所学的都是新鲜的，可以借此补充一些课上未及时记下的内容。尽量理解所有内容，然后找出欠缺之处。组织知识的架构,使之层次分明,标记重点。添加示例,更清楚地反映内容。做知识点学习卡片。
- 课后一周或下一次相关主题课之前,用几分钟时间复习学习卡片内容。
- 考试前一周(或前一个月,根据知识点的多少和考试的重要性程度而定),复习所有内容。不看卡片,重新回顾所学内容。对那些遗忘的或者不甚理解的,再重新捋一遍。将重点放在对整体的理解上。回顾知识结构以及要点,需要的话还可以写下来。这样的话,可以确保所有内容都已熟记下来。
- 考试前夜,较为迅速地(几分钟一页或一张卡片)将所有内容再回顾一遍。熟记细节内容。

6. 爱惜记忆力

我们能熟记那些已经被遗忘的或重新学习的内容,但也要遵守一定的规则。

记忆也需要时间来"理一理"。

因此:
- 好好睡觉,因为若信息已提前储存好,大脑可以自己完成复核。
- 两段长时间的记忆中间注意休息一下,若能小憩 5—20 分钟则更好。

再者:
- 利用多样记忆方式:机械重复记忆与理解思考交替进行。
- 每一段学习的时间不宜过长,而且间隔也不宜长。学习一段时间后短暂调整:这样可以避免大脑饱和以及造成"都混淆在一起"的情况……

- 不同的任务交替做，以避免厌烦，安排好时间，适当放松。
- 提前制定好复习计划：有条不紊地安排复习要比临时抱佛脚效果好。

7. 想象未来在何种情况下会使用被记忆的数据

想象一下在何种情况之下，需要调动起已经学到的知识。若想提高记忆的效率，必须为未来大脑的使用"做好规划"。我们打开书复习的时候，好似什么都明白。可一旦被提问，却记不起那些我们自以为已经学过的知识。要是看一眼笔记，寥寥几个词便能起到很好的提示作用，帮助我们记起来。这几个词让我们很快回想起整节课的内容。但是考试的时候，并没有这样的提示词来帮助我们。

因此：
- 置身于将来需要反馈知识的场景之中。
- 不要仅仅为应付提问去熟记一篇课文，而要想到应对考试或更远以后的情况。

熟记的机制与知识反馈的机制并不相同。

因此：
- 两种机制都要习惯。
- 检查一下，是否能从记忆中找回那些已经学过的内容。检查的时候，需要将自己置身于被提问或需反馈的情况，不能看笔记，写下或者说出能回忆起的内容，可使用关键句。

💡 记忆是如何运作的？

人会用到整个大脑皮层进行记忆。记忆一个知识点，无数的神经元集结成网状,有些位于听觉区域,有些位于视觉或动觉区域,还有一些则位于辨读词语的区域。

我们调动记忆力越频繁,神经细胞之间的接合,即突触就越多,神经元网络也就越密集。

找回知识,需要有一些出发点:图片、文本、声音,等等。相关的感觉越多,找回所学信息也就越容易。

在记忆过程中,情感心理、敏感性、情绪都至关重要:那些让我们能从中感到愉悦的事物,我们更容易记忆,比如说陈述、小组任务、研究项目,或者这一知识对我们自身很有意义。大脑根据对记忆信息的兴趣强弱来产生神经递质。这些小分子物质在神经突触上:神经突触可以利于或者阻碍记忆过程。

真的还是假的?

有些物质能够阻碍大脑和记忆正常运转。

正确。麻醉剂、安定药、镇痛剂、兴奋剂,还有酒精。疲劳或学习时听歌也会影响记忆的效率。

有些药物可以帮助提高记忆力。

错误。不过,营养均衡的饮食对"呵护"大脑非常重要,像鱼类等食物对记忆非常有益。

我能让记忆力"变发达"。

正确。记忆虽不同于肌肉,但也可以大大地加以改善:

— 用得越多,记忆力越好。
— 锻炼得越多,记忆力越好。

- 使用记忆的方式越多样,找回记忆的内容越容易。

为达到这一目的:

- 尝试用两种不同的方法来熟记同一项内容。比如,可以同时用阅读和做图表的方法,或者同时用朗读和看纪录片的方法。
- 在不同的课文之间建立尽可能多的联系。比如,可以将关于启蒙时代重要作家的法国文学课与关于法国大革命的法国历史课联系起来。
- 进行一些课外活动,看看这一主题或与主题相关的展览或者纪录片。这些活动都能促使大脑用不同的方式进行记忆。

死记硬背一无是处。

错误。死记硬背是有用的,但只适用于某些情况,因为我们记忆的内容是不同的。

例如:

- 词汇记忆:存储的是单词的声音形式和书写形式。
- 语义记忆:存储的是单词的意义。

规则、惯用语、词汇、日期,这些都必须死记硬背下来,这是构建词汇记忆的唯一途径。

而对于其他知识,理解才是学习的首要之法,比如,理解整体的架构,观点之间的逻辑,论证过程……

解释:语义记忆(即意义的记忆)较词汇记忆更不容易被死记硬背下来。只有深入分析了所学内容,才能更好地熟记。

记忆能自我清理。

正确。每天夜晚,当我们沉睡时,记忆便进行自我重组。睡眠期间,大脑进行清理和思想的重新组织,许多想法都会丢失。

因此必须不断地激活记忆,使这些想法保留下来。激活频率越高,激活的速度也就越快。

 记忆术真的有效吗?

记忆术能帮助我们更快地记忆即时数据,前提是我们已经理解了内容的大概。

记忆术对更快地找回记忆中的信息以及使用这些信息也有帮助。

但最好的记忆术便是自创的记忆术。要想掌握一种记忆术,那就用图片、文字、动作等形式在头脑里把它想象出来。

你需要去做的是:
- 创造独门记忆术。自创的记忆术更容易掌握,也更不会被遗忘。如果能创造好玩的记忆术,那便更好了。
- 将独门记忆术运用到所有学习内容的记忆中。可以自己创建一个整理记忆术的文件夹。
- 时常回顾这些记忆术。若以内容进行分类,则更易于回顾。

 有助记忆的其他方法

类比

将新知识与已知的知识或图片相比较。

举反例

用反例来突显不同信息的各自特征。

语境的重塑

若能回忆起语境,则更容易记起相关的细节。

得出原理

记住原则性的观点,而后确定细节,往往更加高效。

概述

若是需要记忆的信息过多,那么可以通过做概述的方法来提取核心内容。这样能很快抓住中心思想,从而便于理解。

分门别类

若能分门别类地处理信息,则更有益于回忆。

关键词

找到围绕信息展开的关键词。

试着找到对自己有用的记忆策略,熟记这些策略并将它们运用到下一次测验中。

经常复习。

第四章
学会提出问题与解决问题

我们解决的是我们自己提出的问题,而不是那些本已存在的问题。

——亨利·庞加莱①

终有一天,机器能解决所有问题,但没有一台机器能够提出问题!

——阿尔伯特·爱因斯坦

---

① 亨利·庞加莱(Jules Henri Poincaré,1854—1912年),法国著名的数学家、天体力学家、数学物理学家、科学哲学家。——译者注

懂得解决问题,这是可以被习得的。的确,当我们说问题的时候,我们往往想到的是数学问题,但事实是问题无处不在。学历史、学经济都会碰到问题,技术上或者日常生活中也都有问题出现。写一篇论文,报道一则事故,这些同样也是需要解决的问题。

当我们判断一种情况让人不甚满意,现实与期待有差距的时候,我们会认为一定出现了问题。遇到类似的情况,总能找到几条基本的准则,能最大可能地解决问题,或者说至少是应对问题。

但现如今,比解决问题更困难的是,学会提出问题。在一些复合型程度越来越高的领域,如经济、医疗健康或可持续发展,问题是多样化的,而且相互关联。

 如何解决问题?

理解问题

首先,要明确问题是什么,因此要好好阅读对问题的表述。若没有明白题干某些词的含义,那么之后的论证往往也会受到影响。

其中有几个基本的问题有助于判断是否真的已经完全理解题干。

以数学为例:

- 哪些是已知数?

- 问题是什么？哪个是未知数？
- 条件是什么？是否能够满足条件？这些条件能够算得未知数吗？是否还缺少条件？是否存在冗余的条件？是否存在相互矛盾的条件？

我是否换一种方式来提出这个问题？

我们也可以通过画示意图、图表、思维导图来帮助解题。（参见第56—57页）

制定解决问题的计划

为确保尽可能地解决问题，我们都会采取最适合的策略。若一时找不到，那么便要自己设计出最适合的策略。这样的话可以避免将精力消耗在对三十六计每一计的分析上。

几个基本的问题：
- 之前有没有碰到过同样的问题？
- 之前有没有碰到过同一类型但形式上略有差别的问题？
- 是否了解与此相关的问题？

以数学为例：

是否知道一条对解题有用的定理？

确定未知数，尝试回想一个自己熟悉的、未知数相同或类似的问题。
回到定义。

是否可以转换未知数和/或已知数，使得新的未知数和新的已知数关系更明确？

以经济学为例：

找到一个与所提问题相关并且已经得到答案的问题。是否可以借鉴？已知的结论是否能用？解决问题的方法是否有用？是否能引入某个辅助因素使原先的方法对你有用？

以文学或哲学为例：

这一问题能否换一种说法说？是否能用其他方式表述？是否已经明白题目中包含的所有核心概念？老师或者出题人期待你做出怎样的回答？

金点子

确保自己已经充分使用到了所有的已知条件。

记得看一看接下来的问题。有时后面的问题能对前面题目的作答构成提示。

将策略付诸实施

确定解决问题的角度，一往无前。

对于数学问题，必须学会论证和使用公式，切记用好相关的定理。

对于物理问题，必须学会使用公式，并检查所用公式是否适用所提问题，切记一定要引用公式并能说出为何选用这些公式。记得看一看答案是否合理，计算的数值是多少？

对于哲学、文学、历史问题，必须学会论证。哲学问题的论证过程主要依托对著名哲学家的观点的引用。但这绝不是简单的复制、粘贴。论证的过程必须逻辑清晰、层层递进。若是论文，则切记要标注参考书目，必要时还包括页码。

实施策略的同时，也要仔细检查每一条论据。这些论据是否切题？

论证的逻辑是否合理？

注意事项

因此，学会耐心对待问题尤为重要，不要轻言放弃；考试的时候格外注意时间。

- 重读做过的每一道题，看看哪些是对的，哪些还"不过关"？
- 推理过程检查过吗？
- 答案检查过吗？

不过，一旦发现推理过程"不过关"，不要浪费时间，赶紧换方法。

检查的时候，学会用不同的方法来求得答案。想一想能不能用这一答案或者方法来解决另一个问题？

如何提出问题？

提出问题并不是件容易的事……某些问题是显而易见的："哪里出故障了？为什么？"但是大部分情况，那些显而易见的问题都不属于真正的问题，或者说是些无关紧要的问题。

所以面对禽流感，你可能会问这样的问题：

- 我还能和孩子一起去喂野鸭子吗？
- 我还能吃鸡肉吗？
- 家里的猫抓麻雀会有危险吗？
- 见到鸽子，我是不是应该注意防护？

但重点完全不在这里。

确定问题写下来

用一两句简练的话将未满足的条件写下来,这能帮助你理清思路。若是小组任务,这也能让你们确保小组的每位成员都认同所提出的问题。

这里较为关键的是,描述问题时需用一些表达不满意或有缺憾的语词。若用较正面的语词来描述问题,那么下意识地会很快倾向于采取行动,即寻找解决问题的方法。但是,匆匆忙忙寻找到的方法往往是"错误的"方法。这样的情况政治上每天都在上演。因此,用表达缺憾的语词去描述问题为上选:

- 法国是否能够有效控制禽流感的蔓延?
- 真正威胁人类的危险是什么?
- 是否确实存在大流行病肆虐的风险?

如此一来,你的意识便会关注那些表达缺憾的语词所反映的已然发生或正在发生的事实,思考如何对这些事实作出分析。分析原因理应比寻找出路先行。

描述问题时写明追求的目标

提出问题时,应摆明事实,而非表达观点。明确这一问题所涉及的所有事实,总结这一问题所涉及人员的立场特征。

明确问题的边界以采取适当的措施

有时需要将一个宽泛的问题拆解成几个明确的小问题。但是,即便拆解成小问题,也应秉持全局的视野,注意到一个问题与其相关问题的联系。

提出问题时的常见错误

一开始不要提出解决问题的方法

我们常常以为自己提出的是问题,但事实是我们提出的往往是解决问题的方法,而且通常是不太奏效的方法:"这台复印机经常坏,要换了。"

这样的表述就无法让人更全面地分析问题,以明确机器的故障(是否难以满足需要),或者究竟是选择维修还是继续使用。

问题本身是无意义的,只有对与问题相关的人而言,问题才有意义。

谁因问题的存在而受到伤害?谁提出问题?谁负责解决问题?谁来拿主意?谁来提出解决问题的方法?不同人员有哪些不同的观点?

一个问题可能会遮掩另一个问题,症状并不代表疾病。

"我还能吃鸡肉吗?"可以变成"生鸡蛋还能吃吗?""那蛋黄酱呢?""提拉米苏呢?"……"所有要用到生鸡蛋的食物呢?"

另一些提出问题时常常犯的错误是:

- 选择的问题过于宽泛,没有抓手;
- 一开始问题的提出方式不恰当;
- 直奔解决问题的方法;
- 只知道一个原因并未加求证;
- 解决问题的实际操作中缺乏警惕性;
- 混淆了"重要性"与"紧迫性":有些问题可以是重要的,即便没那么紧迫;
- 混淆了"重要性"与"特殊性":特殊的事件会吸引眼球,甚至有时很轰动，但从其结果看可能未必重要。相反地，也有一些长期的或永久性的问题没那么轰动，但其影响却是巨大的。

💡 案例：关于拯救地球的主题，如何学会提出"好问题"？

拯救地球的话题，如可持续发展对地球的未来至关重要。但是，相关主题，我们常常提不出好问题。

因此，我们搜集了非常多的关于垃圾分类的信息。这很好……但问题的症结不在这里。首先在于浪费。我们买了太多无用的东西。我们也不要求买到的东西（洗衣机、汽车……）可以使用久一点，只要出故障就换掉，其实修一修还可以用。包装占了很大的比重，尤其是礼物的包装。我们不会重复使用，也很少回收，我们才刚刚开始启动垃圾循环利用……我们可以有那么多提出问题的角度，以此改变原先的做法，也就是说，换一种消费方式。

能源问题也是同样的。我们把所有的关注点都放在石油上，其实还有很多其他能源可以被发掘。我们也可以好好想一想，如何推动日常能耗的节省……

与可持续发展相关的话题相当复杂，不能简单地加以看待，需要有一定的知识储备来理解这一问题。许多陈旧的观点依然深入人心，因此要学会独立思考，换句话说，具备一种批判意识。

为免遭伤害，做出英明的决策，必须要具备足够的知识储备、技能，并能运用于行动中。

以橙汁为例：

▶ 橙汁，对我们的身体好，但并不是那么简单……

- 首先得种橙子,一般是在南美。在种植橙子时,经常会用一些化肥和杀虫剂,它们也会进入到橙子里和潜水层,因此对环境、种植者的身体、我们的身体造成一定的影响。而且,种植橙子收入微薄。
- 接着橙子被榨成橙汁。而后这些橙汁被浓缩,这就要消耗能量。
- 浓缩的橙汁装进冷冻集装箱运送到欧洲,重新稀释,装瓶或者装盒(瓶和盒也要生产),运送到各个销售点。随后,售卖,这就需要大量的广告,也就是说需要大量的纸张……
- 运输、瓶盒的生产都要消耗能量,污染环境,产生垃圾(比如运送瓶的纸箱)。
- 最后,橙汁喝完,纸盒充斥着垃圾桶,需要花费巨大的代价来处理和回收利用。无论是处理还是回收,都会污染水和空气,同时也会加剧能耗。

结论

1升瓶装橙汁 = 22升污染的水,4公斤垃圾,1平方米的薄地。

然而,一个欧洲人平均每年消费的橙汁是21升,而仅仅欧盟的人口就有4.5亿。

  如何构建概念导图?

概念导图是一种有助于厘清问题、明确关系的工具。它可以将问题定位并确定优先级。

1. 将问题的主体(或中心思想)写在文本框中,可以是单独的一个词,也可以是一个词加上几句解释说明的话。

2. 在起始框(可置于页面中央或任何其他位置)周围建几个周边框,其中填入与问题相关的次级问题、次次级问题……
3. 在中心框与周边框之间建立逻辑联系。这些关系用几个词加以说明。注意:无论是文本框还是关系说明,都不要用过多的文字。

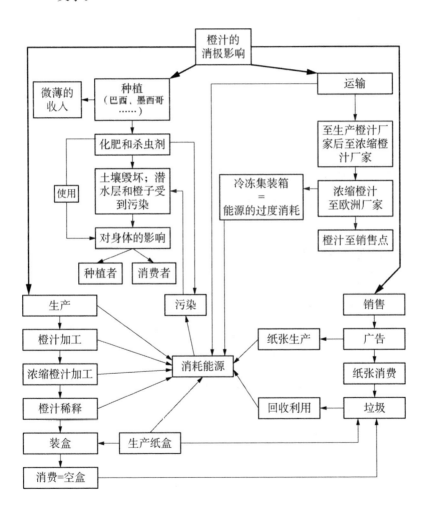

这样做可以让你逐步：

- 明确问题的各个要素；
- 确定其优先级——有些是主要的，有些是次要的；
- 分析这些内容的内在联系，以及观点间的联系。

从具体操作的角度看，需要确立不同标识——方形、椭圆形、圆形，带阴影或不带阴影——所代表的意义，这样问题的呈现才会一目了然。

注意事项：

你可以将这样的概念导图：

- 制作在纸上，推荐用铅笔和橡皮。概念图很难一下子绘制成功。
- 用软件制作。可用的软件很多，可以从 WORD 开始。

这一工具也可以用于记笔记。（参见第 73—74 页）

如何寻找复杂问题的出路？

解决问题适用于处理一些简单的问题，如数学问题、物理问题或者文学问题。当我们处理复杂问题的时候，一定要注意"实用性"。

这一提法可以首先厘清情境，有助于提出不同的问题，至少可以试着提出一些问题，引发一次或数次的调查。说得更简单些，就是要知道每一个小问题到底涉及什么。这就要求分清主次，考虑到情境的不同维度，明确其中的要害。

而后便可以开始纯粹意义上的调查研究了。

1. 明确情境，提出问题。（参见第 52 页）

2. 寻找范式。分析每一个问题的主要和次要原因。我们知道原因都是多样的,而且互相关联,所以要理出优先级,明确它们的关系,将其置于一个系统中(人物、地点-城市、区域、生物圈、流通-能源、材料、信息,等等)。

3. 创造可供解决问题的方法。这一个我们称之为"实用性"的步骤,首先可被视为一种思维形式,它囊括了行动,主要是寻找替代方法的行动,至少是找到短期和中期的"最优选择"。不管怎样,无须马上找到一种理想的方法,也许本身这种方法就是乌托邦,但却可以进一步明确问题,构想一些可能的解决办法。

4. 考虑到变化的发生。首先认清影响变化的障碍和阻力。所有的解决方法必须扎根于现实。任何改变都会扰乱现实。纸上谈兵,终究解决不了实际问题。一些阻碍常常会被低估:已有的优势、生活习惯、行政管理、各层级的规章、习俗或者对变化的恐惧,等等。

5. 经历持续调整的过程。一蹴而就是很困难的。必须不断地进行变化、调整。数据、规则无时无刻不在变化。关键是调整问题,而不是调整答案,因为所寻得的答案可能只是暂时有效的。从现实的角度看,这就意味着会经历一系列问题与答案不断互相调整的过程。

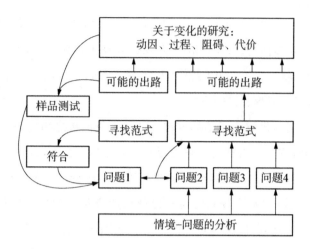

例:哪些是与汽车相关的问题,从制造到销毁?

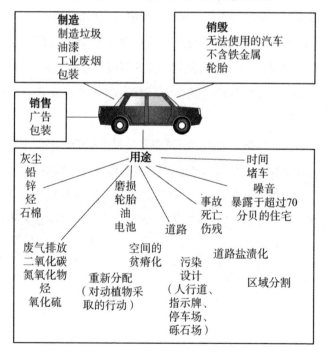

自身遭遇问题，如何处理?

我对自己的认识	我努力去做
我早上迟到。	前一天晚上整理好所有东西，定闹钟，比原先提前10分钟。
我总是丢三落四。	把需要带的文件、资料列出一张清单，贴在书桌上。
我手边总找不到能让我进步的东西。	为培训预先准备。只要有空闲时间，就复习一下课程。我总多放一本书在书包里。最好是带着手提电脑学习。
我怎么复习都没用，总也记不住。	不着急，慢慢地将在课上、图书馆听到或者读到的内容以文字、手势或者图像的形式记在脑袋里。
我不明白题目的意思。	不着急，慢慢解读题目要求。
我学了，可成绩糟糕。	订正的时候，确保能够熟练运用所学内容。
我经常犯同样的错误。	学会分析所犯的错误。
我很难集中注意力。	用30秒技巧。（参见第106页）
我无法听课的同时记笔记。	记录下关键内容，用缩略的形式。带个小录音笔，方便晚上温习补充。
我很焦虑，害怕去上课。	接受焦虑，控制焦虑。（参见第129页）
我不想上学。	寻找原因。确定学习计划。（参见第24页）
我感觉自己一天到晚都在学习。	合理安排作息（参见第110—111页），留出闲暇时间。

第五章
学会掌握信息

消息灵通的人谈论别人;消息闭塞的人被别人谈论。
——阿尔弗雷德·索维①

---

① 阿尔弗雷德·索维(Alfred Sauvy,1898—1990年),法国人口学家、人类学家、历史学家。——译者注

随着新媒体的发展以及互联网的广泛使用,学会掌握信息成为一项巨大的挑战。在信息的"茫茫大海"中不迷失方向,将成为一门必修课。未来的十年,学会如何处理信息必是重中之重。

如今的问题不是缺少数据,而是数据泛滥,如何解决?

七大需掌握的能力
- 会厘清自己所需要的信息。
- 知道在哪里与如何获取信息,也就是说会判断来源。
- 会对想要留下的信息进行选择,直切主题。
- 如若可能的话,会快速阅读与理解。
- 会摘取关键信息,也就是说会做笔记。
- 会判断一份文件,对其内容作出批判性的分析。
- 会用发展的眼光看待获得的信息。

 处理信息包括哪些步骤?

为了避免在茫茫的数据海洋中迷失方向,必须:

1. 聚焦主题;

2. 寻找切题的信息；

3. 挑选资料；

4. 提取信息；

5. 处理信息以更好地传达。

具体来说,涉及一系列的步骤。

第一步:聚焦主题

- 选择主题:我要解决的是哪个(些)问题？
- 厘清思路:我已经了解的是什么？我还想了解的是什么？
- 工作计划:我应该做什么？我明确问题,识别对于信息的需求。

第二步:寻找切题的信息

- 来源:哪些是我可以使用的来源？
- 地点:我要去哪些地方？

- 回家查找资料
- 图书馆、多媒体图书馆
- 资料信息中心
- 互联网

- 关键词:哪些关键词可以帮助我(比如在网上或者摘要中)查找信息？

第三步:挑选资料

- 路径:我如何能找到信息？

资料太少:还有哪些关键词可以在网上找到同类信息？（参见第71—72页)在图书馆找到参考书目？

资料太多:我该如何……

- 挑选资料？

- 将资料分类？
- 找到这些资料的出处？
  - 切题：谁向我提供信息？是可靠的来源还是广告？有没有误导？信息可靠吗？谁能证实？

第四步：提取信息

为什么我必须做笔记？如何做？笔记有何用？

- 我做概述。
- 我做笔记。
- 我选配图。

第五步：处理信息以更好地传达

我需要的信息已经掌握了吗？我该如何传达？

- 我写一个提纲。
- 我做一个展示。

小结

"问题化"。我通过一个或几个问题明晰想要找什么。

查找资料。为此，我寻找信息，将其分类，找到其出处。当然，我要阅读信息，所以我必须具备快速阅读的方法。

论证以处理信息和传达信息。

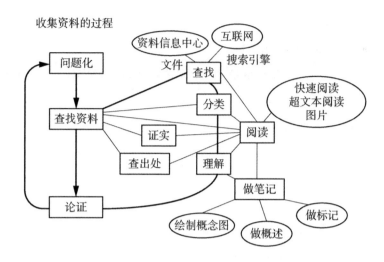

如何查找信息？

（注：这一章对高考后的学习尤其有用）

你必须学会使用查找信息的工具以及掌握运用工具的要领。

学会查阅某地的数据库

1. 你已经掌握了一本书或一篇文章的出处

无论在资料中心还是图书馆，你应该要锁定资料的位置。这些资料往往是以大的领域分类的，用数字0—9表示：这就是编号（十进图书分类法），标识出在哪一层、哪个书架上可以找到的位置。

这一编号方式将人类知识分成九大类，分别用数字1—9表示，而数字0则代表总类。

0 - 总类

1-哲学与心理学

2-宗教

3-社会科学

4-暂时空缺(以前是语言学)

5-自然科学

6-技术应用科学

7-艺术、休闲与体育

8-文学和语言

9-历史与地理

其中每一大类本身又分成十个小类。

例如,第五大类又分成:

50-自然科学形成前的总论

51-数学

52-天文学与天体物理

53-物理

54-化学、矿物学与晶体学

55-地质学与气象学

编号末尾为0的,均代表总论。例如,530代表"物理学的总论"。

2. 若你不知道出处,那么需要找到合适的关键词,而后在数据库内搜索

 追踪时事,获得每日的资讯

追踪时事的七大理由:

1. 培养好奇心与思想的开放性。
2. 锻造批判意识,学会独立思考。
3. 更新已有知识与课本知识。
4. 为口述性报告、学习计划提供鲜活事例。
5. 提高书面表达能力,扩充词汇量。
6. 短时间内在不同的话题间切换。
7. 融入时代,理解时代。

时事新闻是学业与生活之间的桥梁

时事新闻能让我们意识到,我们所学之物是有用的,而且要学会运用所学的知识。

例如,数学课上所学的百分比在很多场合都能用到,统计选举选票、失业率、经济数据等。

同时,在课堂上,我们也可以运用到时事新闻的内容。

 当时事新闻与学业相遇的时候

新闻谈论的话题常常与规划相关。比如,新闻中经常谈到克隆、石油等问题。因此,读报纸,便能搜集到相关的资讯,也能更好地理解课本所学。再比如,玩与学协会的日报(www.playbacpresse.com)针对不同年龄层,推出了如何将新闻事件与课本知识相联系的内容。

同样地,经常读新闻能提高表达和书写的能力,尤其是法语这门语言。小建议:把遇到过的单词汇集起来,制作成个人词典,这样可以扩大词汇量。

读新闻也可以培养在文本中筛选信息的能力。适应了大量的百分比和图表阅读之后，你在数学的学习上也会更加游刃有余。

> **如何解读时事信息？**
>
> 时事新闻的类型是多样的。信息可能是：
>
> - 转述的（采访、报道）；
> - 解释的（分析、调查）；
> - 评论的（社论、报刊评论摘编）。
>
> 因此，区分哪些是事实，哪些是观点，哪些是提供信息的，非常重要。为什么？为什么是这个时间点？有哪些关键点？我可以相信报道这些内容的人吗？千万警惕虚假信息。作者与某个时间或某个政党之间可能存在怎样的关系？
>
> 信息也可能是非时事性的，比如广告报道，也就是说以报道的形式起到广告的效果。这从"广告报道"这一名称中便可见一斑。
>
> 另外，个人博客愈来愈流行，但其中所提供的信息也需要我们仔细甄别。

💡 如何在互联网上查找信息？

"网站搜索"的十大黄金守则：

1. 学会提出好问题：主题明确、查找类型、目标。

2. 掌握搜索工具、浏览器：浏览器、搜索引擎、管理书签。推荐的浏览器有，Internet Explorer、Netscape、Safari、Fox Mozilla。至于引擎，使用至少两种不同但互补的引擎，最常用的当然是 Google 和 Yahoo，还有 Alta Vista。

3. 找到理想的参考点：某个领域的年鉴、门户网站、"资质好的网站"。

找到一个与研究主题直接相关的可信的网站，是成功的第一步，因为好的网站的管理员往往也会很熟悉这一领域的其他网站。他会选择一些顶尖的参考文献，有时还会略加评论。他会在该领域的知识网络中花费大量的时间，并充分运用自己的专业知识。

补充原文出处。

找到目录索引和专门的"元页面"。

可以使用维基百科，但不限于此……

4. 经常分析信息：不断地切分信息，秉持批判精神。快速判断所获信息的价值。形成批判的自觉意识，永远不要不假思索地全盘接受放到你面前的信息。

5. 在查找过程中使用地址簿，保存好有用页面和网址的痕迹，即便有些暂时与主题无关。

6. 学会为自己规定时间。不要为了钻研一项研究，全身心、不计代价地扑在上面。不要做无用功。事先规定好查找的时间。

7. 选择合适的关键词。（参见第65—66页）

8. 明确既定的目标、策略和选择的标准，以免淹没在"无数的选择"中。

始终牢记，不存在永远对的方法，网上查找信息首先要有一种好的心态。所以，你若想找爱尔兰最好的数据统计中心，那么可以从法国这方面的领头羊 INSEE（全国统计及经济研究所）着手，他们与欧洲的其他同行会有一些联系，这是相对比较安全不容易出错的方法。

9. 将利用传统工具(报刊、新闻)搜寻与网站超文本浏览完美地结合起来。不要忘了,即便待在家里也可以获取信息。同时,建立不同的文档,将纸质资料和电子资料分门别类地整理。可以从字典开始你的研究。

10. 头脑要"灵活":培养快速阅读的习惯;同时着手几项研究;学会从一则信息跳跃到另一则信息,一种工具到另一种工具,一则条款到整章规定。

 网络上的新闻

互联网可以让我们掌握时事动态。比如你可以访问:
- Google 上的"新闻"一栏。你甚至可以读到外国报纸上的文章。
- 多媒体(电视、广播、报刊)网站:tf1.fr,france2.fr,europe1.fr,france-info.fr,lemonde.fr,liberation.fr……除了一些资料外,这些网站都是免费的。

你还可以把一些节目下载到自己的 MP3 播放器上,通勤出差的路上都可以随身听。

 记笔记:有何用? 如何做?

有何用?
- 查找信息或者听课过程中,对提炼重点内容很重要。
- 比一字不落地全部记下要更迅速。

第五章 学会掌握信息

- 记笔记时需要组织、概括信息，因此大脑已经开始理解和记忆这则信息。那么之后完全掌握它便会更容易。
- 一种好的培养注意力的方法。因为，只听而不理解老师讲述的内容，是不可能做好笔记的，也不可能一字不落地记下老师说的话。

记笔记是一个习惯问题

刚开始记笔记很难，这是需要训练的。

开始记笔记前，首先需要想一想为什么：

- 是为了准备考试的复习课吗？
- 是为了准备项目或者准备论文吗？

不同的需求场景下，记笔记的方式是不同的。

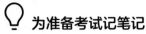
为准备考试记笔记

重读大纲

建议：用不同的颜色、标号、线条表示不同层级的题目。

每一页留白

不同的段落之间留出几行，留出空白处……这样重读的时候比较方便，需要添加内容的时候也有足够的空间。

重点标记需要记的重要概念
利用缩写加快书写速度

概括

也就是说用更简短的方式重述,但不能遗漏信息。

熟记的内容必须重点标记

大纲、定义、日期、数字、公式、专有名词、引述、中心思想……

标记关键性的连接词

否则你会弄错句子的意思。比如:然而,因为,此后,由于……

标记解释性和演示性的内容

这些内容有助于回家复习时更好地理解课堂内容。

为准备项目记笔记

根据大纲准备若干纸。

根据已有大纲写下你在资料中找到的观点。

根据项目标记其中的重点,寻找观点之间的联系。

若你的学校允许:

- 如果课程或报告内容繁多或者复杂,那么用录音。这样的话,你就可以重听重点或者课上未明白的内容。不需要全部重新听一遍,除非你当时什么都没听明白,重听的话太耗费时间。一小时的录音平均需要三小时的重听和辨读。
- 直接用电脑记笔记。但这需要你本身打字速度很快,也能很快地在一页页的笔记中找到老师所讲的内容。

💡 记笔记的几条建议

- 一到校就把课本拿出来；老师开始讲课的时候,你已一切就绪。
- 自己建立一套标识不同部分、不同章节的用色规则。
  - 例如:根据标题和次标题的重要性,分别用红、橙、蓝、绿表示;
  - 黄色用来标识句子、公式、重要术语。
- 自己再建立一套书写规则,每一页都以同样的方式记录。
- 写错了用修正液,不要划掉。
- 如果你用的是活页,马上整理到文件夹中,以免弄混。可以标上页码。
- 当天晚上重读一遍笔记。这样可以:
  - 确保你完全弄明白了自己所写的内容(包括字迹和意思);
  - 补充完整缺少的内容;
  - 提取出核心内容。

不建议做的事:

- 不要抄你同桌的笔记。如果你中间断线了,那么留出空白,之后再补上。
- 不要一字一句照着老师说的写,除非老师要求这么做。
- 写字不要潦草:你要确保自己之后重读的时候都能认清。
- 不要坐在教室的角落里,尤其是你若有视力、听力或者注意力不集中等问题。
- 当然,上课前不要把自己弄得筋疲力尽。

💡 专心学习并使之卓有成果

你所积累的大部分知识其实只有在学的时候看起来才有用,换句话说,只有在学校里或者一直从事这个专业的时候。要是换一种场景,要学习另外一种知识,无论是中小学生还是大学生常常表现得无所适从,好似他们什么都没学过。这样一来,你就无法将数学中所学到的函数用来解决物理的问题,也无法做经济学的图表,即便这本身是从数学衍生而来的。只有老师为你演示过至少一次以后,你才会运用。然后,你又可以用到日常生活的方方面面……

但是,知识的意义不在于应付考试。知识的价值在于可以帮助我们解决考试之外的种种问题,即我们所谓的"调动知识"。而调动一种知识,也不仅仅是使用或运用它:还要使之与其他的知识相适应、相区分、相统一,还有可能相结合、相协调,以提出问题并解决问题。由此,知识成为文化的一部分。

现如今,调动知识的问题在初中或高中鲜少提及。中学生、大学生在学数学、学物理的时候,要求的是解决一个个类似的问题。问题其实是同一个,只是变化了一下表述的方式和数据。同样的现象也出现在历史、地理或哲学学科上。这对高考或者大学升学考试来说,可是福音。但是,之后,这将成为一场真正的悲剧,时间的巨大消耗和能力的急速丧失;每个阶段,所有的内容必须重学一遍。

而一旦进入职场,我们便"一贫如洗"。即便互联网能"尽力挽救",我们还是会不断地去查找相同的数据,因为那些数据早已被遗忘,尽管有时方法也会被遗忘,我们也会重新寻找或理解,但数据常常是最容易被遗忘的。

即便传统的考试不要求你这样做,也请提早为自己的职业生涯、公民生活做好准备:储存好已学的知识,或很快地将其找回。多种方法的掌握能为你的生活带来便利。

1. 综合学习卡

综合学习卡是复习备考的好帮手。有些在网上可以找到,是现成的,但你自己学会制作也很重要:这有助于长久的记忆。这些卡片会形成一个资料库,在之后的学习中往往都会用到。

当你读完一本书或上完一门课的时候,用一张卡片记录其中的重要观点或重要内容,这就是综合学习卡。你可以随时翻阅这些卡片,以应对之后的测验。

下面是一张高三综合学习卡的示例,这张卡甚至可以用来参加公务员考试。

综合学习卡   日期……

安德烈·孔特-斯蓬维尔,《哲学的呈现》,2002 年(参见 concours-fonctin-publique. publidia. fr/actualites/pratique/fiche-de-synthese)

在安德烈·孔特-斯蓬维尔看来,哲学是什么?

是:对可用知识的思考。

无法习得(传统意义上的习得)。

那么如何研究哲学?

— 向自我、他人、世界展现自己;
— 读其他哲学家的书;
— 自我拷问。

这是一种个人的方法＝没有人可以取代我们自身去探讨哲学

哲学直接关联于生活＝人类存在的构成维度

探讨哲学必须天生精力充沛、非常理性。

为什么要研究哲学？必须要研究哲学，因为：
- 思考的需要；
- 目前的知识水平不够；
- 哲学与我们每个人相关。

我们何时在生活或理性思考的时候无需用到哲学？
- 依赖自然科学；
- 做傻事；
- 一腔热血做事。

哲学是什么？思考人生、经历思想-拷问。

2. 公式、日期、产品、系统或组织学习卡

你也可以同样做学习卡来汇总：
- 数学、物理、化学公式；
- 历史上的重要日期；
- 地理或经济上的作物、产品（如可以按照国家制作学习卡，附上地图）；
- 生物或科技上的系统或组织。

学习卡还可以成为日后备考的珍贵小贴士。网上可以找到各种模板。[1]

---

[1] 类似的网站比如有 http://histoiregeo72.canalblog.com/archives/2014/11/07/30912425.html 或者 http://xmaths.free.fr/revisions/ts/fiches/cmplexes2a.htm

根据日后学习的需要，你可以用不同的文件夹整理，作为以后的资料库。

随着信息化的发展及其在中小学、高校的普遍应用，应尽早建立电子文档。这样便可以根据学习进度进行不断地补充、丰富、更新，而不需要再重新制作了。

你也可以使用一些应用软件，比如 Pearltrees，把不同种类的数据整合起来。这些应用软件可以使查找更便捷，特别是用关键词查找。这样可以更好地整理、查找、保存有用的页面、笔记、照片、文档，也可以与同事们分享。Pearltrees 可以作为内容的聚集器，也可以当作共同的搜索引擎。

3. 处理复杂问题

在完成中学阶段的个人实践活动和大学阶段的跨学科任务时，中小学生或大学生可能会碰到实际的复杂场景，即所谓的"活生生的社会性问题"，这一问题在相关知识领域（科学、职业、社会）遭遇过很大的争议。这些问题要求在知识之外（自然科学、社会科学、历史……）对情境和价值意义作出思考。

中小学生或大学生必须：

— 意识到知识的不同领域并将其进行交叉；

— 调动知识，秉持批判的态度，尤其要清楚所选择的方法论和指标的影响，以及它们的不确定性；

— 认清查找补充信息的必要性。

查找论据，构建最优解模型都是建立在掌握隶属于自然科学和人类科学多个场域的科学知识的（相对稳定的）基础上，这些问题不仅是跨学科的，同时也扎根于社会、职业的知识和实践中。

这些情境的真实性有助于调动起学生在校外所学的知识,培养一种批判理性,以及学生对自己作出的选择和行为的一种"掌控力"[①]。

[①] "掌控力"即个体或集体在所处的社会、经济、政治、生态环境中能自主行动的能力。

第六章
学会"贩卖"观点

构思清楚的内容也能被表达得清楚,所用的语汇也能信手拈来。

——布瓦洛①

一份好的草稿比一段冗长的演讲更有意义。

——拿破仑

---

① 尼古拉·布瓦洛(Nicolas Boileau Despreaux,1636—1711 年),法国诗人、文学理论家,被称为古典主义的立法者和发言人。——译者注

从教育的角度看,学会"贩卖"自己的观点这一标题多少有些令人咋舌。然而,学业有成,便要学会让别人欣赏自己的能力,为此,也必须学会自我表达,尤其是论争。

书面的话,必须学会介绍自己的成果,并正确地写出来。如何写一份报告、一篇毕业论文、一则注释、一份书评或一篇议论文呢?

口头的话,学会口头陈述至关重要,这已成为职场最重要的几大能力之一。图像技术的使用(建个人网站、制作 PPT)使这一能力变得更加必要。

以上两种情况,如何能使论据切中要害,具有说服力?

 如何正确地写作?

我们说一篇文章思维缜密,也就是说文章中所表达的观点逻辑关联明确,不含糊。要做到此,必须:

1. **围绕问题展开**

弄清楚你想表达或者证明什么。换句话说,厘清提问题的方式以及预期达到的目标。明确所写内容的阅读对象,以及受到的限制:字数(参见第 90 页)、可支配的时间……

2. **查找资料**

这将使你即便在开始研究之前也始终以问题为依据,也就是说以既有的知识储备为依据。而为了避免淹没在过多的信息中,以与目标相关联为准则,进行筛选。

3. 起草学习计划

学习计划可以帮助优化写作。写计划所花费的时间之后会很快赚回来。计划也应包含日程和期限。

例如:

准备毕业论文:两周完成一章,其中一周用于阅读,三天用于写作。

准备小论文:预计半天完成一部分,再用半天完成通篇的写作。

4. 起草提纲

一般来说,文学报告的基本框架包含4个部分:

① 引言

② 详细叙述,可以有两个部分

③ 结论

④ 附录

理科的论文一般提纲如下:

① 引言

② 材料与方法

③ 结果

④ 讨论

⑤ 结论

5. 写作

形式与内容同样重要。不能以内容至上为借口,而不重视表述的质量。理由是:

— 两者是相互联系的。比如,"和"与"合"两词读音相同但意义完全不同。

- 如果读者或者专家评审很费劲才能明白你的表述,那么就无法专注于你的内容。不要忘了,你的老师可能手上有 200 份的试卷要批改。不要给他加重负担,他会感谢你的!

写作建议:

- 引言和结论好好斟酌。引言写得好,就会给审阅人留下好的第一印象,而且好印象也许会一直保留下去。结论写得好,就会给审阅人留下好的最终印象,读完结论他可就要打分了。
- 宁可写短句(主语-谓语 补语),保证正确,也不要写长句但错误百出。
- 不犯拼写错误,不因此而丢分。不犯低级错误,这样审阅人会认为你是一个态度认真的人(对他来说也是一种尊重)。
- 写哲学的文章,论述的时候尤其注意逻辑性,这和学数学的要求是一样的。
- 说话不要太绝对。任何事物都不是完全黑或者完全白的。
- 不要写"我认为……",不要做判断,除非明确要求你这么做。

把读者装在心里!
让他有欲望读下去!
他是谁?
他对我的期待是什么?
他到底想在我的文章中读到什么?
他又不想读到什么?

他重视的是什么?
如何避免让他感到不快?
……

如何撰写学术论文?

每一类文章都有其定式。一定要意识到这一点!

学术论文的基本定式如下:

1. 引言

用短短几行明确地提出论文讨论的问题、目标及选题原因。引言中还应介绍解决该问题的准备条件。

引言中还应阐述该领域的研究现状(资料来源、参考文献选择的合理性),继而指出补充性研究的必要性,比如你文章所研究的对象。

有些编辑会建议在引言中就将实验的主要结果和结论向读者交代清楚。

2. 材料与方法

写明研究所需的所有细节(研究类型、研究团体、取样方式、设备、实验条件与处理、物理化学分析方法、数据,等等)。

信息需要非常全面完整,确保任何一位研究员按照你的方法都能完成实验。

3. 结果

介绍结果,描述事实,明确清晰。首先应该突出有价值或者好的结果。

用图表(框架图、"网络"示意图、图形、综述表格)来介绍往往比单纯用文字更有说服力。

4. 讨论

选择一些事实和结果以说明其重要性。通过对数据及其互相关系的严谨分析,从而突出你所想展示的内容。

将自己的实验结果与其他相关研究的结果相比较,或者将自己的结果置于更宽泛的领域,都是明智之举。论文的结构可以分成几个小部分:第一部分可以罗列事实;第二部分着重讨论这些事实;从讨论中引出一些过渡性的结论,构成第三个小部分。

你的论文必须具有说服力。不要在同一篇论文中论证太多观点,这样会显得论文杂乱无章。

5. 结论

尽管结论与摘要不能混为一谈,但结论也需要简要地回顾整个思想脉络。最后,还要列出你的展望和建议,以此来结束你的论述。

引言和结论是两个格外需要斟酌的部分,因为这两部分如同抛给读者的"诱饵",它们必须能引出问题或者矛盾,然后在之后的论证中得以解决。

💡 一切的一切,开头最重要

一旦列好提纲,写作便可根据提纲中所形成的思路,将整理好的观点平铺到纸上。待资料查找工作完成之后,再开始写作。

写作的"秘诀"在于动笔,在于用符号填满这张白纸,跟着计划表和

提纲走就可以了。时刻记住,效率很重要:
- 对你自己来说,不要忘记,你的文章只有在别人愿意阅读的时候才有意义。
- 而后对读者来说,他愿意获取更多的信息,但他是不会愿意浪费太多时间的,所以必须言简意赅,中心明确。

要是写作变得非常艰难(累!),那么适当地停一停,做些别的能让自己放松的事(种花、洗碗、整理房间……),在这段时间里,你的大脑可以重新启动。

 练习不同,风格不同!

你可能会被要求做各种各样不同的练习,弄清楚具体的要求到底是什么。通常说来:
- **注释**是对某一情境、事件……的注解。一般 1 页的篇幅。
- **书评**是对某一事件、活动、文章……的详细描述。一般 2—3 页的篇幅。
- **议论文**是一种课堂训练,让学生用完整的论证过程来分析某一引文或者某些概念,目的是提高他们的思考能力。通常议论文都是回答某一隐晦的问题,依据正反辩证和综述的框架展开。一般 5—8 页的篇幅。
- **报告**是描述某一情境、某些事件或现象的资料,它的"问题化"更明显。一般十几页的篇幅,包含摘要。
- **论文**是为了发表而撰写的文章,用来展现某一研究的成果。一般 4—20 页篇幅,包含有双语的摘要和若干关键词。

- **毕业论文**是大学生在完成大学阶段(本科、硕士、博士)的学业，为获取学位而撰写的文章，可能是自然科学的、文学的、经济的……一般一百多页的篇幅，包含摘要和附录。

💡 如何准备一场口述性报告？

做一场口头报告，并不是单纯地发个言，表示自己到场了，而是通过陈述展现自己的能力，让别人接受自己的观点。这当然需要充分的准备。

1. 确定口述性报告的目标以及你所想要传达的信息，可以是：
   - 分享一些数据

     例如：报告的内容有关一位艺术家、一位政要人物、一种特殊的技术、一项体育运动、某一领域的现状……

   - 引起共情

     例如：报告的内容有关臭氧层空洞、气候变暖、死刑……

   - 回答某个问题

     例如：GPA 有什么作用？GPS 是如何工作的？

2. 认真解读老师布置的任务，紧扣主题
   - 示例1：老师给出了一份作业的主题

     例如：介绍一种新型的经济模式。

- ▶ 寻找某种经济模式。

如：SEL（本地交换服务）经济。

- ▶ 确认其符合老师的要求。

- ▶ 紧扣中心主题。

如：这种模式会把交换转换成什么？货币会变成什么样？

– 示例2：由你自己来提出一项任务

- ▶ 在已熟悉的主题中确定一个较特别的。

- ▶ 事先确认，可以在规定时间内找到足够多的数据资料。

在上述两则示例中：

- 划定主题的边界：哪些是跟主题无关的？老师布置的任务要达到何种详细程度？

- 确定用于准备和展示的时间。

3. 起草第一个提纲，之后肯定会不断完善……

– 提纲会给你引领，以避免在研究的过程中迷失方向。

– 区分主要观点和次要观点非常重要，这能帮助你清晰地构架报告内容。

– 可以利用新闻学上常用的5个问题法，要能回答：谁？干什么？哪里？何时？为何？（也有可能是怎么样？）

确定：

- 关于什么？涉及的是什么问题？

- 在哪里发生？

- 什么时候发生？

- 为什么会发生？

- 是怎么样发生的？

- 会带来怎样的变化？

4. 查找跟主题相关的信息，分清其主次

重读提纲，开始写作。

写得越少越好（当然，除非是一份书面报告），所以你需要写下来的是：

- 详细的提纲（部分、次部分）；
- 具体示例和部分间的过渡；
- 引言和结论。

只需要写这些，剩下的，以小卡片的形式即可……这些之后会记在你的脑袋里。

💡 做好口述性报告的几点建议

- 陈述清晰，一开始就澄清提纲。
- 设想一处独特的地方，吸引听众的注意。
- 组织好小卡片和资料。
- 直接面向听众，尽量不要照着小卡片读。
- 看着你的听众……包括所有听你讲话的人，而不单单只看着老师。不要紧盯着小卡片，或者盯着自己的鞋。
- 声音高低适中，也不要大声地喊：保证最后一排能听到你的声音。注意陈述每句话时的语调：抑扬顿挫……就像你跟朋友们说话，想让他们赞同你的观点那样。过于平稳的语调犹如催眠曲。
- 跟着你的导引：提纲。千万不要临场发挥，以写好的引言开始你的报告（这样可以让你放松，并阐明提纲的基本框架）。时不时地瞄一眼小卡片，还有放在桌上的手表。即便很紧张、很激动，也要时刻记得展示出让人惊艳的部分：要是忘记了耗费整整两个小时做出来的海报，你一定会气得直跺脚。
- 不要一动不动：走一走、动一动……但不要来回走。你当然可以一边说一边做手势，一边动一动……
- 不要忘记事先排练，对着镜子或者朋友，或者对着摄影机。至少从头到尾排练两遍，注意计时，特别是引言的部分可以多练几遍，有助于临场放松。

 需绕过的误区

口述性报告，写下的内容不能多。因为如果你把所有的内容都写在小纸条上，你一定会照着念，这样底下的听众很快会昏昏欲睡。或者你会全部背下来……而这对你来说可是一项巨大的工程。更好的做法是当场陈述论据。当然，事先你必须记清楚所有论据。

建议做	不建议做
记住，头三分钟对抓住听众至关重要。考虑好不同部分之间的过渡。口头表达需要经常解释清楚复杂的术语。	不要照搬照抄一本书中的某一页或者某一个网页，不做解释也不指明出处。不要罗列数字或者日期，而不加说明。

展示的时候

注意：
- 口头禅（"显然"重复 50 遍，烦透了）；

- 一些无用的词充斥着整个陈述,又显得词汇贫乏("我想说的是""肯定的是……""确实是……");
- 因"怯场"而出现的习惯性动作(拍手掌、咬手指、摸左耳朵,等等)。

标记、展示。黑板、投影仪、PPT,这些都可以为你所用。现在你(基本上)就是老师,好好利用,让你的报告变得生动。

怯场的时候

开始之前紧张?多做几次深呼吸,清空肺部,然后用新鲜空气"充盈它们"……微笑!(参见第133页)

 如何作小组报告?

- 站位的时候避免看起来人贴着人。
- 事先确定好每个人说话的顺序,说话的时间以及说话的方式。
- 可能的话,每个人担当不同的角色:有负责介绍的,有负责展示的,有负责列图表举例子的……
- 正式做报告前大家一起排练,可以再做一些调整,还要控制好时间,不要超时。
- 最后遵守团队的规则。记住,紧张是在所难免的。但是,不能因为紧张而毁了整个报告。尽可能考虑得周全些,少些抱怨,尽量找到能帮助你们克服困难的有利条件。要试着在"高处"完成小组报告,而不是你好我好大家好地糊弄过去。

第六章 学会"贩卖"观点

💡 吸引眼球的过人之处

- 视频、投影、图表、海报、图画……好好利用这些道具,能让你的展示更加活泼,但也不要用得太多。这些道具都是为你说的话服务的,绝不是毫无依据的。
- 事先确认你带齐了所有必需的材料。不要忘记插好电源,提前 20 分钟测试设备。如果设备出问题,做好不用设备的预案。
- 使用 PPT,要时不时地将其恢复成"黑屏",这样才能把听众的注意力拉回到你的身上,因为你要阐述更重要的内容,远远不止 PPT 上的那 30 个词。
- 你若没有办法使用新"技术",可以制作几块纸牌,上面可以贴一些图示、照片、图表……注意要做得足够大或者可以在观众间传阅。这些会成为非常好的帮手,让老师和同学更好地理解,也会对你讲的内容更有兴趣……也能帮你缓解紧张。
- 一个很简单却很有效的小东西:音乐。并不是任何情况都能用,不过要是以一段流行乐开始一场关于美国和石油的报告,或者以瓦格纳的乐曲来开始讲述弗洛伊德,那么肯定会让听众耳目一新,并牢牢地吸引住他们的注意力(而且老师肯定也会表扬这样的展示方式)。

💡 如何论证?

论证往往包含多个"理据"(或者说前提)和一个结论。理据构成了使结论得以被接受的理由。为了达到这一目的,理据之间应当相互关联,这样才能形成缜密的逻辑。

论证具有说服力的条件是,其前提是可接受的或者已经广为接受的,而且被认为是足以支撑结论的。

当然任何方法都不是百分百有效的。一切取决于受众是谁……"有力的"论证却说服不了任何人,其中的因素有很多种:成见,个人喜好,缺少相关知识,感情上的盲目,你说的内容没有切中要害……

始终牢记听你报告的受众是谁,以及你能如何让他接受你的观点。

例如:核电站有害吗?

如果我想传达的观点是应该阻止核电站在全世界的发展:

1. **引入理据**

核电站并不可靠:或大或小的事故均已经发生。核电站对当地人的生命构成了威胁,比如1945年洛斯阿拉莫斯国家实验室事故,1975年布雷西业事故,1986年切尔诺贝利核事故,1992年忻州核辐射事件。

以一个能引起共鸣的事例来说明这场事故所造成的灾难性后果。详细介绍切尔诺贝利核事故(白俄罗斯、俄罗斯和乌克兰地区儿童甲状腺癌的数量持续上升……);简略介绍其他几起危害性略小的事故。

介绍资料的出处,罗列详细的数据资料。

2. **其他论据**

• 核电站会释放有辐射的燃料,这些燃料不易运输,危险性大,储存费用高昂、要求极高:1999年《东北大西洋海洋环境保护公约》报告,高杰马核燃料工厂附近的海牙长期暴露在放射性环境中。

• 核电站会长久地扰乱当地的自然环境。例如:罗纳河流域水温上升,有些鱼类和植物正在消失。

3. 结论,并在此申明一开始的观点

提出一系列的解决方案以供讨论(建造核电站计划停摆,世界范围内逐步关闭核反应堆,可替代的能源……),开启讨论。

第七章
学会自我规划

思想是大脑有机组织的产物,如同生命是各分子有机组织的产物。

——弗朗斯瓦·雅各布[1]

---

[1] 弗朗斯瓦·雅各布(François Jacob),法国著名遗传学家、法兰西学院院士,曾于1965年与利沃夫、莫诺共获诺贝尔生理学奖。——译者注

无论在学校或在家,都不要想干什么就干什么,自由散漫。做好安排,既能节约时间,也能提高效率。若想学业有成,当然必须很自觉,而且善于学习不同学科的新知识以及掌握各种学习方法。

　　适应各种不同类型的专业训练(预备班、大学、高级职业培训、继续教育、技能培训、工艺培训……)很重要,因此要学会在新的环境下自我规划,在一般课程、导师课程、实践课程等不同的情况下学会选择,也学会抓住机会表现自己。

　　为什么要对自己的学业进行规划?如何创建属于自己的时间表?如何让一份学习计划得以落实?如何合理安排才能通过考试或按时上交作业、任务?特别是如何预先准备?

投资

　　投资,便是现在花费一点,期待日后赚得更多。这一章的中心思想便是鼓励你花费一点时间和精力进行合理安排,目的是日后节约更多的时间和精力。

💡 做一点规划,但不能过度规划

1. 课上:完成三分之二的学习任务

① 上课前做好准备工作

让听讲更专心,让听课和实践课程变得更高效,你应该:

- 做好计划,尽力听懂和有意愿学会;
- 设想这些知识之后会有什么用:考试?项目任务?

② 专心听,弄明白

还要一边记笔记(参见第 73—74 页):

- 自我提问,比如 5W(who,$what$,$where$,$when$,why)问题:谁?干什么?哪里?何时?为何?
- 找到课程脉络、重点、过渡。
- 与之前学过的课程建立联系,并弄清楚为什么与这些课程有联系而不是其他课程。

例如:启蒙时代的哲学家在历史课会提到,在文学课也会提到。能源问题也同样,生物课、物理课、经济课都会讲到。

③ 积极参与课堂,这样可以保持思维活跃

- 问题可以帮助你保持思维活跃,而不是坐在椅子上一动不动,越听越想睡觉……
- 提出问题或者回答问题的时候,大脑都在高速运转,以理解内容、记忆信息。

④ 用 30 秒技巧(参见第 106 页),在课后做一个小结

做一个小结可以帮助你记住一节课的主要内容和 2—3 个重点。而

且也能让你看到哪些内容还没有弄明白,以便之后复习。

2. 晚上:尽量合理安排,使学习更高效

① 回到家先休息下,但要有节制

上完一天课到家之后,先休息半小时,就半小时不要过多。吃点点心,冲个澡,躺一会儿,听会儿舒缓的音乐……不过这时不要玩游戏也不要看电视。

② 回忆下当天所学课程,做学习卡

首先回忆下课堂上所学过的内容。

然后进行复习:

- 补充课堂内容。
- 用划线、反色、圈框的方法突出重点(提纲、日期、公式、定义……)。
- 试着弄明白课上尚未清楚的部分。
- 做一张当天课程内容的学习卡。

③ 更新题为"我计划"的活页

这份活页可以让你对需要完成的作业(课堂测验、口述报告、要读的参考文献、要提交的任务……)做一个计划。每项任务的准备时间错开一些,那么就不会发生一个晚上既要准备报告,又要复习应付第二天测验这样的情况。

④ 为第二天做好准备

为准备好第二天要上的课,先重读前一课的学习卡,牢牢记住。这样更有助于记忆,也会提高第二天上课的效率。

要是学习卡做得好,那么重读学习卡最多也就花一两分钟的时间。

练习的用处

练习是学习的一种好方法。做练习,可以让你清楚是不是已经掌握了课上所学的知识,也能让你学会运用这些知识。如果无法完成练习,那就说明上课没有听懂。

要是老师没有布置练习,那么你自己可以找一些做,比如过往的练习或者前一年的考试卷。如果这些都找不到,那么就自己出题。这也是一种绝佳的学习方法……

至少要再回忆一遍课上的重点内容。也可以把这些内容对着朋友或者家里人重述一遍。

3. 周末:也要充分享受闲暇的时光

① 估计周末需要完成的学习总量

有了日程安排和"我计划"活页(参见第 103 页),你就能估计出需要完成的学习任务。

这样你便可以把某些任务分配到周末完成,不会因为一下子要完成很多工作而产生厌烦情绪。你的效率会更高,而且:

- 不会到了周日傍晚 6 点钟才发现有测试或者口述报告需要准备,匆匆忙忙地开始学习,甚至有可能敷衍了事;
- 你可以合理安排时间,有条不紊地完成任务。

② 界限分明地规定学习时间和空闲时间

- 根据任务要求清晰地规定学习时间和空闲时间;
- 计算每一项学习任务需要花费的时间。时不时地看看钟表,保证在规定时间内完成。这样,你会更专注,不会开小差,也不会分散精力。要想玩就必须抓紧时间。

③ 快速回顾测验内容

利用周末为测验做准备,这样可以:

- 有时间寻求讲解或者去资料中心或上网搜索缺失的信息;
- 避免前一天晚上匆忙复习,因为还有很多其他作业要完成。可以不那么紧张,复习效果好才能考出好成绩。

④ 加快任务推进,尤其是有项目任务或者资料需递交的情况,这样给周中腾出更多的时间

清空日程表上周中需要完成的任务至少有两大好处:

- 周中可以少一点任务,多一点空闲时间;
- 有时间不慌不忙地准备任务,而不是拖到最后一分钟。

⑤ 总结

周末是用来总结的最好时间:

- 总结自己;
- 总结刚过去的那个星期(学到了什么?学到的知识有什么用?);
- 总结与已定目标(考试、项目任务……)之间的差距。

你若是马上要测验或考试,记住,记忆力达到最佳状态的条件是同样的信息再被记忆一次:

10 分钟之后(因此上完课后的 30 秒很关键);

当天晚上或者 24 小时之后;

紧接着的那个周末。

记忆是把一条信息储存在头脑里,同时也要能够重新提取出来。

💡 开始行动前预留 30 秒

目的?

在家或者找好座位准备上课,开始学习前的 30 秒能让你投入到任务中,聚精会神、理解内容、记忆内容。因此,迅速地让自己活跃起来、高效起来。

如何做?

30 秒钟,就 30 秒,不多,想一想要完成的任务。想象自己正在学习,这样可以让你更集中精神,也容易开始。同时也要牢记课程或者任务的目标。

为什么?

- 做准备工作可以让大脑活跃起来。类似于运动之前的准备活动。
- 迅速开始工作可以:
- 不浪费时间,之后也可以腾出更多的空闲时间;
- 避免开始工作之前拖拉掉 15 分钟;
- 明确自己要做什么。

根据不同的情况为自己提出问题。

1. 上课

我想从这门课中学到什么?

我要把这门课学成什么样?

2. 考试

之前的课我记住了多少？

老师要求我们完成的任务是什么？

上一次的错误或者不够好的地方在哪里？

我要改正和避免再犯的错误是什么？

3. 晚间学习

我要做什么？

对即将开始的学习时间，我是不是有了明确的目标？

我要格外注意的是什么？

4. 周末小结

我的项目任务完成到什么程度了？

我遇到的主要困难有哪些？

这门课或者这位老师，最让我不喜欢的是什么？

即便我对主题不感兴趣或者这个主题太难了，我有何方法可以集中精神积极地完成？

 课后预留 30 秒，同样有效

30 秒钟，非常短，但可以变得非常高效。试试看，一开始可能做起来有点难，但是你会很快看到效果。

- 会很有用，因为利用 30 秒做小结可以让你在大脑中梳理已获得的信息，这会帮助你记忆。
- 这是一剂对付"我们什么都没弄懂"的解药。

问自己几个问题

- 是关于什么的？主题是什么？
- 两三个要点是什么？比如，要记下的主要概念、核心理论、公式、定理、日期、专有名词、定义……
- 我不懂的地方在哪里？我需要加强的是什么？怎么做？和谁一起做？在哪里做？

💡 学习要做预先准备

预先准备会对你的生活很有帮助。你若不把所有的活儿都堆在最后一分钟做，那么你会变得更有洞见，不那么急躁，也会记忆得更牢固……

预先准备有助于记忆

上课或在家学习，在开始之前，用 30 秒（参见第 106 页）的时间让大脑进入工作状态，预想一下马上要读到或听到的内容。

课后，总结一下哪些内容已经掌握，哪些内容还未掌握。

考试前，想一想哪些是需要掌握的。记忆有条理才能更好地调取记忆中的知识。也可以花一点时间设想一下可能会考到的问题。

开始项目任务前，可以拟一个工作计划。

预先准备有助于提高效率

- 预先准备可以避免浪费 15 分钟来启动。
- 可以整理资料或准备复习。
- 大脑进入全神贯注的状态。

— 每项活动可以安排一个时间段。

比如：

15 分钟用来背课文。

30 分钟用来上网查资料。

一下午时间用来写一篇读书报告或者作文。

预先准备有助于缓解焦虑

预先准备就是要合理安排时间。这样可以腾出时间放松娱乐，而不会在出现万一的情况时手足无措。

有一些工具可以提供帮助："我计划"的活页（参见第 103 页），时间表（见上文），日程表。

预先准备，是为未来做规划，不会被出其不意的情况弄得手忙脚乱而因此遭遇失败。这意味着要做好准备，知道自己想要干什么。

我预先准备＝行为	我获得＝益处
我前一天晚上准备好需要的资料、物品。	我睡觉、吃早饭、梳洗的时间可以宽裕些。我不会遗漏物品或资料。
我复习结束或做完任务就把书桌整理干净。	下次我就可以马上心情愉悦地开始学习。
上课前我把物品拿出来。	开始上课我就已经准备妥当，我可以马上调动大脑进行思维。
晚上，我复习白天上过的课，让学过的内容储存在大脑里。	我记忆得更牢固。
每天晚上我制作学习卡。	我一边做一边记忆，复习的时候就可以腾出许多时间。

(续表)

我预先准备 = 行为	我获得 = 益处
我安排好复习的时间。	我提高效率。若有必要,我有时间可以请老师再讲解一次或者听老师的建议。
我设想一下考试会考到的问题。	我依据要求的内容来学习。
我对资料的查找进行规划。	提前知道需要什么,在哪里可以找到,可以避免浪费时间。
我预先准备以后要完成的任务。	我把那些以后要完成的任务中可能用到的资料暂且整理到一边。
我合理安排时间和计划,保证按时提交项目作业。	我有条不紊地推进,避免因额外任务或突发事件而弄得手足无措。
我制定时间表和日程表,管理好时间。	我有时间可以休闲娱乐:不用每天晚上、每个周末都被学习占满。
我也管理好睡觉和玩乐的时间。	我的大脑不会那么疲惫,而我做事速度也会更快。我听课会更有效率,我安排好时间,按时完成要提交的作业。

 如何制定自己的时间表?

尝试弄清楚你要如何支配自己的时间。

1. 用一到两周的时间,将你实际做的事情填入到时间表中。标明哪些是学习时间以及学习的不同类型:上课、重听、联系、复习、查找资料……还有哪些是娱乐时间。

2. 然后看一看你花在学习上有多少时间以及你到底做了什么。提几个问题,比如:

- 我需要花多长时间听课、做练习、复习、准备一篇论文?
- 我的时间浪费在哪里? 化在学习上的时间中,哪些时间段我是全神贯注的? 哪些时间我其实是在书桌前发呆?
- 我什么时候、怎么样可以改善自己的学习方法?

而后,你可以制成"最优"时间表,肯定有一些地方是需要完善的。

1. 一开始就标明哪些是固定要做的:上课的日期和时间、睡觉和休息的时间、校外活动和通勤的时间。不要以节约时间为借口来削减校外活动,和小伙伴玩耍、放松的时间:这些时间是必不可少的,可以为你减压,以获得更高的学习效率。

2. 确定你需要的时间:复习功课、做练习、交作业,将这些任务固定地写在时间表上。为学习时间划定界限可以有效地避免在书桌前发呆。

诀窍:以防万一,每天留出 30 分钟的空档,周末留出 1 个半小时的空档。

注意!

你制定的时间表一开始往往很难落实。这很正常,慢慢调整。制定时间表可以明确地划定上课的时间、在家学习的时间和休闲娱乐的时间。

这样做有三大好处:
- 不会觉得时间流逝而自己碌碌无为,相反地,会认为自己才是生命的"主宰"。
- 做事会更有效率,不会浪费过多的时间。
- 不会有一种一天到晚都在学习的感觉。

诀窍：反对浪费

　　发现时间浪费在哪里，将这些浪费的时间用在自己想做的事情上，想一想怎样才能更合理地使用时间，从安排通勤的时间做起。你可以利用通勤的时间想想提纲、看看卡片、重听一下上课的难点或循环听一些必须要记住的内容……

　　不要忘记，一天浪费3个10分钟，似乎没什么，但一年就是183个小时，也就是说少了一个多星期的生命，或者说少了将近三周的工作时间。

如何为准备考试合理安排？

从课程开始甚至在课程开始之前，就要开始准备考试了……

3个关键点

- 上课专心听讲，理解明白，笔记记清楚。
- 每天晚上做学习卡。之后可以用到，让复习更有效。
- 每天或每周末回忆下课程，可以更好地锻炼记忆力。

如何自我训练？

- 首先，看看自己是否清楚课程内容，能否不看任何资料便能复述出来。突出重点：关键日期、公式、定义、提纲。
  - 可以试着写一写。
- 然后，保证自己能调动所学知识。

- 不看答案重新做一遍练习；
- 做以往的练习卷或自己出练习题。
- 最后,训练自己正确理解题干,理解题目要求。

时间安排手册

1. 提前一个月开始复习。制定时间表,保证每一章节都能复习一遍,这样可以确保：
- 课程是完整的；
- 所有内容都理解了,所有练习已经完成并掌握；
- 已经找过了所有补充资料。

2. 提前一个星期,把所有复习内容很快地再过一遍。

3. 临考前一晚,再很快地把课程复习一遍。然后上床睡觉。

早上不要再看,否则会让你觉得厌烦和混乱,毫无益处。而且,这时候,任何内容你都记不住了。

这样的安排可以：
- 从容不迫地复习；
- 相同的要点反复看过几遍；
- 若碰到不明白的地方可以求助老师；
- 有计划,不会超负荷学习；
- 考试当天信心满满。

诀窍
- 不要遮掩自己的弱点和不足之处,在这些地方恰恰要花更多的精力去弥补。

- 你若特别害怕某一主题,那么不要祈求上天……踏踏实实地学。
- 预判哪些题目更有可能出成考题,提前做好准备。不过,不要跳过那些自己估计不会考到的章节。不要听信谣言,说哪些可能考哪些可能不考。
- 若几门课的考试同时临近,那么复习的时候时不时地换换科目。喜欢的和不喜欢的科目轮流复习。
- 在"划算"的测验上花更多的时间,也就是说那些权重占比更大的测验。

如何为要提交的作业或研究项目而做合理安排?

(对高等教育格外有用)

准备本科、硕士、博士论文需要更特殊、更精准的安排。

准备

论文是一份对某一主题阐发观点的资料,可以在其中铺陈、说明支持你论点的整个论证过程。

1. 花半个小时的时间把脑海里出现的、与主题相关的所有想法都写下来,类似头脑风暴。

2. 睡一觉之后第二天再回顾下这些想法,补充一些,然后试着进行梳理。厘清一个或几个问题,也有可能是一个或几个假设(不要超过两个或三个)。考虑拟提纲。论文的内容通常会包括:

- 5—8 页的引言,其中有:

- ▶ 标题；
- ▶ 整个研究你所要论述的观点；
- ▶ 你对研究的构成或影响的关注；
- ▶ 最后是论文的几个部分。
- 问题现状或已有研究；
- 一组问题或一组假设；
- 方法论，可能包含：
  - ▶ 读者群；
  - ▶ 资料汇编；
  - ▶ 资料处理；
  - ▶ 局限。
- 结果以及旨在完善这一研究的意见、建议和评论。
- 结论，重述主要观点并对主题进行拓展。

然后，你可以去查找资料（参见第 68 页）。给自己规定好时间，不要无限期地拖拉。

诀窍

记住：按照论文的每一个章节去查找资料。以每章、每节的顺序整理资料。

写作

通常来说，一篇本科或硕士论文的体量大致在 60 页左右，约 2500 个字符（以每行 72 个字符，每页 35 行计），10 多页的附录（附录不宜过多)。

格式:A4 活页,方向"法式"(纵向),特殊情况,如数据表格过宽也会采用"意式"方向(横向)。

要求

文本需电子版(最小字体:Times 12),1.5 倍行距,(左右)留出足够边距,排版合适,根据需要选择不同字体(斜体、粗体、下画线、大写)。不要忘记页面底下的脚注。

记住

老师或评审最看重的是学生自己对这一主题的研究所作的贡献。一定避免将论文写成参考文献的编录。

注意各部分之间的联系。

💡 学会设计、完成长期的项目:研究、书评、资料汇总、论文、诊断实验等

学校教育通常习惯于将任务模块化,学生会根据要求一步一步地学习,他们不需要提前预判或者规划所要学习的内容。当然,备考或者备战竞赛也需要提前好几年就合理地安排复习,合理地规划(参见《学会成功》①)。

然后,设计并完成一项长期的项目(研究、书评、资料汇总、论文、诊

---

① *Apprendre à réussir*,Librio n⁰ 1003,2015.

断实验等)越来越频繁地进入到中学和大学的课程体系中。大专技术学习或者本科的商科学习中,都会要求学生成立并运营一间"微型企业"。从单纯的大专项目到高校的毕业论文,学生要学会的是承担起一个项目,这需要经历一系列的过程:项目的阶段。

项目表

项目表是对项目较为细致的定义,这类似于建筑的建造图纸。这是一种招标细则,若几人参与项目的话,可以借此与团队各成员、参与评审的指导老师或者指导老师团队达成一致。项目表有助于项目的参与者互相交流。而且,它也可以在整个实施过程中充当备忘录的作用,确保所有的运行细则都已经落实到位。

项目表用来规定:

- 项目的目标:写作论文、创作(电影、展览……);
- 项目内容:主题、讨论的问题;
- 要求:页数、(根据成果确定的)空间或时间的限制、提交日期、质量要求、预估成本,等等。

这份项目表也可称为团队成员之间或者与指导老师之间的一份合同。

"前项目"阶段

这一阶段包括分析现状以及可能遇到的困难:

- 研究该领域的现状:查找资料以提出有价值的问题。
- 确定为达成目标需要进行的调查研究。这一阶段有可能会做一些小型调查,进行摸底。

- 明确为得到结果所需要做的事："我们到底需要完成的是哪些活动？"
- 考虑到一些不利的情况：假设某些障碍或局限。
- 确定完成到何种程度项目算是成功：标准及指标。

这一阶段可以拟出项目的基本提纲：

- 项目目的：尽可能清晰地加以表述。目标当然也是来自项目目的。目标可以更直接地被评判，因此也是项目落实的重要步骤。
- 参考框架：要完成一份对标的综合资料。这份资料里包含已有成果中的不同概念，并强调为什么选择这些概念。
- 预项目：若要有条不紊地进行，那么需要预测每一个步骤，并使其有操作的可能性。

为了达到每一个既定的目标，必须回答下列几个问题：

- 做什么？谁做什么？怎么做？
- 能获得的技术的、教学的、实物的、资金的支持有哪些？
- 项目完成需要具备怎样的条件？
- 完成的期限是什么时候？

预项目应不断地与现实情况（时间、资源、能力、预估成本）相对照。因此所定下的项目目标必须与现实情况逐条对照，看是否可能实现，以免过于冒进。

设计

你可以写一个提纲，甚至可以是提要，也就是把每个部分的主要论据或观点罗列在提纲中。如果是一份创作，也可以写职责范围书，或者更好是原型介绍。

之后就到了查找资料或做调查的阶段。搜集资料的时候,时刻想着你的提纲,这样可以节约时间。必须做好计划,才能在规定时间内完成所有任务。如果团队有几位成员的话,可以大家分配任务。

完成(或产出)

无论是写论文,或是为了创作:
- 对象。
- 数字应用软件。
- 展示。

这一阶段是非常耗费时间的。必须提前准备并做好规划。作品的呈现在任何情况下都是至关重要的:绝不能掉以轻心。

递交及评价

递交往往是关键的一步,可以让你的研究被认可或者掩盖未竟任务的不足之处。若是一场口述性报告,那么需要排练(参见第六章)。若是一个文本,那么保证架构明晰,论证严谨。千万记住,阐明你所探讨的问题,并用具体的示例加以说明。

第八章
如何使身体状态适应学习

健康的身体才能孕育健康的思想。

——荷马

身体越虚弱,越要指挥人。
身体越强壮,越会服从人。

——让-雅克·卢梭

好的体魄直接关系着学习的能力。当然,你的身体可能会因为感染细菌、突发的事故或环境的侵扰而受损。但归根究底,身体取决于你本身和你的生活习惯。

好的体魄有助于学习。身体好,就不易感觉疲惫或头疼,而且必要时,可以超越原本的能力去应对学习中额外的考验和任务。

 好体魄的 10 个关键词

活动 参加不同的体育活动或戏剧活动,或者加入合唱团也行。这些活动可以帮你驱除烦恼,刺激大脑的机能。	**生物钟** 最大限度地遵循自身的生物钟规律,发挥其最大的效用,可以抵抗阵阵袭来的疲倦。
不适 疲惫、头痛、低烧…… 不要下意识地去吃阿司匹林、止痛药、抗抑郁的药品。疲惫、头痛、低烧往往是一种警告。放慢节奏,休息一下,试着找到造成这些不适的原因。不如好好泡个澡,喝杯橙汁或热的格罗格酒……	**小憩** 午餐和晚餐后休息 10 分钟(无论如何不超过 20 分钟),可以听听舒缓的音乐。然后精神百倍地重新投入学习。小憩是恢复精神的绝佳方法。

(续表)

毒品 不要吸烟、吸大麻、酗酒或碰其他的毒品。毒品会对身体造成长期的损害,也会短时间地损坏大脑。所有的毒品都会让人上瘾。没有任何一种毒品会帮助人提高学习能力。	**睡眠** 每晚睡足 7 个半小时。这对恢复身体至关重要。即便确实有很多学习任务,睡眠时间也不应少于 6 小时。疲惫是学习最大的敌人。而且,睡眠从来不是浪费时间,它可以帮助大脑梳理白天所获得的信息……因此睡觉的时候其实也在学习。
食物 好好吃饭……但不能过量,不挑食,饮食均衡。注意隐形脂肪!多吃蔬菜水果。这样大脑和身体才能拥有足够的能量,保证良好地运行。早餐吃得饱,临近中午才不会因为饿而走神。	**运动** 适量运动,每周至少两次。这对身体有好处,对大脑也有好处:可以帮助解压。
感受 每天照镜子两分钟,但不要仅注意外表。花点时间,静静地感受自己的身体,特别是发现自己的紧张情绪。你的身体在向你述说,静静地聆听。	**压力** 应对自己的压力(参见第 129 页),这是完全可以做到的。感觉身体舒服很重要,避免产生心理障碍。

关于残疾

身体残疾自然做什么都不方便。但也必须知道:

— 有些机构(协会等)可以提供帮助;

— 有一些特殊的政策,比如可以延长考试或测验的时间。

身体残疾并不妨碍成功!许多身患残疾的知名人士便是佐证:贝多芬失聪,爱因斯坦和华特·迪士尼患有阅读障碍……

注意保护视力和听力

能够准确地听与看,需要的话可以借助助听器或眼镜。否则,很难听课,大脑也更容易疲倦。一年至少进行一次视力和听力的检查。

驱逐噪声

噪声污染是造成疲倦的重要原因。

我们身边存在着众多危害:汽车的噪声、喊叫、警报……听音乐调至最大音量,过高的分贝都会对身体造成很大的伤害,比如失眠、重听、焦虑……

因此,重要的是:

- 学会自我保护(不能经常听随身听,音量也不要调得过高,有节制地听音乐会……);
- 保留一些安静的片刻。

💡 为什么睡眠是必不可少的?

— 身体和大脑都需要从一日的疲惫中恢复过来。
— 疲惫会减弱专注力和记忆力。
— 进入深度睡眠时,大脑才能梳理和巩固白天所学的知识。
— 睡眠不足会引起紧张焦虑、易怒暴躁或者抑郁消沉。

根据自己的生物钟,每晚保证至少 7—8 小时的睡眠时间。注意!睡懒觉只能部分弥补睡眠不足,而且会让下一天的苏醒变得更困难。

若因为特殊情况,你确实保证不了睡眠时间,那么也要尽可能地遵循生物钟。少睡一个阶段也比睡眠中段被闹钟吵醒来得好……

要想了解自己的生物钟,可以在某一个没有任务的晚上,大致算一算你睡觉的时间。

睡眠时间若达到 7 个半小时,那么说明每个阶段的时间大致是 1 个半小时。少睡一个阶段,就是 6 小时的睡眠。

睡眠时间若达到 8 个小时,那么每个阶段的时间是 1 小时 40 分钟。少睡一个阶段就是 6 小时 20 分钟的睡眠。

睡眠时间若达到 7 个小时,那么每个阶段的时间是 1 小时 20 分钟。少睡一个阶段就是 5 小时 40 分钟的睡眠。

保险起见,定好闹钟,不过可以学着按照生物钟醒来……这是可以做到的。

破坏睡眠的是:

- 压力。
- 生物钟变化。入睡和起床的时间不要一下子有太大的变动和起伏。最好慢慢从假期的作息过渡到开学的作息,把睡觉和起床的时间一点点往前推。
- 药品。有些药物,如安眠药,可以让人感觉自己更易入睡,但其实破坏了睡眠的质量。
- 睡觉之前过度兴奋。恐怖电影、侦探电影和游戏都会让大脑处于兴奋状态。

提高睡眠质量的几点建议

要想轻松入睡,那么睡觉前至少 15 分钟停止容易造成兴奋的活动。你可以:

- 读本书或看本漫画;

- 洗个热水澡；
- 听听收音机或音乐；
- 喝杯水或花茶（最好是椴花或者橙子花）；
- 吃一块饼干（不是三块）；
- 让人按摩一下，放松。

试一试，看看哪个方法对你有效。

注意环境

- 最好在无光亮的环境下睡觉。
- 白天给房间通风，保持好的空气。
- 入睡时周边没有声音（电视机、歌曲）。否则，大脑会继续处理听到的这些声音。但你可以伴着一首没有歌词的曲子入睡，可以按下音响上的"睡眠"模式，这样 15 分钟后就会自动停止。
- 手机、电脑关机，以防被消息吵醒。

 为什么运动对好的体魄至关重要?

做运动的 10 条理由

- 发泄，以免把气力发泄到其他地方。
- 有利于心脏。
- 降低超重的风险，因为运动可以燃烧很多卡路里。
- 活动一下身体可以弥补上课或学习时的久坐不动。
- 交朋友、结伙伴。
- 学会控制自己的身体。肌肉，要变得结实。这不是为了好看，而是让你的身体更挺拔,更灵活。比如,许多的背部疼痛都是因为背部肌肉不够结实。
- 尝试新的体验。
- 缓解压力。
- 促进睡眠。
- 学会公平竞争、良性竞争。

因此运动对保持身体平衡不可或缺……当然也要适量。倾听你身体发出的疲劳信号。

轮到你了!

总有一项运动适合你!找到符合你期待的那项运动:篮球、击剑、骑自行车、足球、舞蹈(霹雳舞、非洲舞、现代爵士……)、攀岩、长跑、网球、滑冰、滑雪、空手道、冲浪……甚至走路也是一项运动。

体育运动是多种多样的,当然有很多是你不知道的。打听一下,哪些运动在你生活的街区比较容易进行(比如,去市政府的体健办公室咨询)。

小贴士

- 注意给自己留出放空的时间,稍稍喘口气。如果把所有空闲的时间都安排上体育锻炼或运动,那一定会累得筋疲力尽。
- 注意不要频繁地变换。尝试不同类型的体育运动,获得探索的快乐,这很好。但是不要一碰到困难就想着换一种。可能稍微努力一下就能克服,因此而获得的成就感也会让你觉得很快乐。

💡 如何缓解压力？

适度的压力对学习或成功展示一场口述性报告是很有必要的。问题在于压力可能会持续，甚至变成一种时时刻刻都存在的东西。它对大脑有负面的影响，而且长此以往，也会损害健康。因此最好是想办法排解。

该如何确认自己压力过大？

若频繁或强烈地感受到以下任一问题，那么也许你就处于压力过大的状态中：

- 背痛；
- 睡眠问题；
- 欲望减退，包括性欲；
- 总感觉全身乏力、精神不振；
- 疲劳，即便睡醒后也感觉疲累；
- 记忆力减退；
- 肚子疼；
- 焦虑；
- 呼吸速度加快；
- 易怒；
- 偏头痛；
- 习惯性抽搐，如不停地抖腿；
- 注意力不集中……

如何应对不同的情况？

课堂上的紧张	有规律地学习可以排除因拖延到最后一分钟的紧张。 每晚做学习卡片是晚上回家学习的一种好方法。 时不时地测一测自己的记忆力。 提前想一想老师的要求和问题。
考试	不要拖到最后一刻才复习。 提前制定复习计划。 尽力弄明白要求是什么。 认真阅读题目和题干。
某门科目	尽力弄明白造成困难的原因是什么。 分析所犯的错误或者为何缺少兴趣。 懂得这门课的用处。不想学是不是因为缺少项目任务的激励?
某位老师	掌握他的要求、习惯、脾气。 试着明白他对你的要求是什么。 试着事先想一想以他的方式会如何提问。
害怕失败	犯错误也是学习过程的一部分,学会从错误中汲取养分。 确认你是否能运用所学知识,这样可以让自己更安心。
与家人关系紧张	根据出现的问题,与家长制定"契约"。
安排无序(如所有的都拖到最后一刻)	安排好时间,整理好学习的地方,把作业本、电子文件、资料分门别类地放好。

尝试放松

- 想一些积极开心的事:一段好的回忆,一次放声大笑,一个玩笑,你喜欢的一个人……
- 深呼吸。
- 做一段放松操。
- 听音乐。

- 看本书或漫画。
  做运动或活动下身体。
- 小憩。
- 把自己的忧虑告诉别人或写下来。
- 若有宠物陪伴的话,和宠物玩一会儿。
- 尽可能地多笑笑。

注意避免!
- 不要为了让自己平静下来而服用药物,尤其不能吸烟、吸人麻或服镇静剂。这些都会对身体造成不可逆的伤害,而且只会让情况变得更糟糕,即便服药时看起来好一些。
- 不要吃零食,特别是糖或脂肪含量特别高的食物。用白开水或花茶代替,或者水果或奶制品也可以。
- 不要泄气。接受困难,别气馁……试着想一想生活中开心的事,不断地去克服困难。

想一想
最好学会佛系地对待事情。即便其实是一件容易让人紧张的事或一个较大的挑战,我们也能用这样的方式很好地对待它。

💡 为什么不放松下,缓解紧张情绪?

几种放松操
做这几种操,需要你找一块不太冷的地方,平躺在垫子上,静静地呼吸,轻轻地做每个动作。吸气时收缩肌肉,呼气时放松肌肉。

- 屈肘。接着收缩、放松肱二头肌(大臂的肌肉)。
- 皱紧额头肌肉,后放松。下颌也重复相同动作。
- 耸肩,后放下。
- 握拳,后伸开五指。
- (慢慢地)转头,从左往右,从前向后,后绕圈。
- 收腹,后放松。

大笑万岁!

　　大笑是一种全身运动,类似于一种"体内慢跑"。大笑的时候,面部、肩、隔膜、腹部的肌肉都得到了充分的活动。若笑得很用力,甚至连手臂和腿部的肌肉都一起动起来。尽可能多笑一笑……当然,不要拿老师寻开心,博同学的笑。

　　如果说大笑只是在那一刻让人很兴奋,那么大笑后连带的一系列反应才真正能让人放松。它能产生大量的内啡肽,让人放松的荷尔蒙,这些物质充满着整个身体。

　　找到那些能让你发笑的东西,不顾一切地拿来用,比如说:

- 喜剧电影;
- 短剧(收音机或电视上);
- 笑话书;
- 游戏;
- 连环画……

　　不过,要是你实在不想笑,那么至少试着一个小时微笑一下。

💡 学会放空

学习绝不是一件"轻松事"！而且除了学习之外，我们还要面对沉重的、艰难的、被重重约束的生活，那么为更好地学习而"放空"便显得更难了。我们必须同时处理好许多事情，体育生涯、家庭生活、孩子教育、健康问题、家庭问题，还有学业。作为学生，有时需要打工赚钱，又要准备考试。很难同时专心致志地做好两件事情，而这两件事情都需要安排好。

示例1：你要完成许多外部的事情（运动、待处理的家庭事务、工作），这些事情很烦心，要花体力去解决，但不会让你"太费脑筋"。解决办法也会更简单。学习之前，先留出20分钟左右的时间放松一下。可以安安静静地坐在花园里或者房间里，用腹部呼吸，做几节操，让自己觉得很舒服，让思维"畅通"。

换一身衣服也会很有用，表示暂别日常的琐事。然后开始学习，可能的话到专供学习的地方去。最好当然是有自己的书房。若没有，家里找一处僻静的地方，手机关机，邮箱关闭，这样才能专心致志，誊写清楚笔记，开始复习、资料查找或者研究项目。

30秒训练（参见第七章）是一个快速进入学习状态的"绝招"：
- 我要学什么？
- 我之前学到哪里了？
- 还需要做什么？用多长时间？

示例2：你有许多的担忧（疾病、家庭困难、情感危机、职业困境……）。你的思维是不可能"放空"的，也不可能戛然而止，不去想那些让你担心的事。这些烦闷每时每刻萦绕在你心头。你想尽办法也赶不走，它们总会不请自来,打扰你的复习。这时,做放松操,把注意力集中在呼吸、身体、周围的气息,也许能奏效。但仍很难放下所有的担忧和情绪。

那么或许再做一点冥想。冥想吗?这个词听起来会有些陌生。不要把这个练习想成是在遥远的尼泊尔,一座荒无人烟的寺庙里,至少斋戒三个月进行的灵魂静修行为。对西方的学生来说,这只是一个简单、便于操作的建议,就是将放松、呼吸、集中精神、暂停思考、观察自己联系在一起。这个练习关键是要有一段安静的时间,动作舒展、缓慢,练习呼吸,把注意力集中在某一时刻、某件物品或自身。最后是选择固定的一个地点和时间段:从10分钟开始,在家里选一处较舒适的地方,固定在那里做。

坐在垫子上,面向墙壁;换上舒适的衣服,不系腰带,不穿鞋。选一个简单的姿势——盘腿坐或坐在脚后跟上——用腹部慢慢地呼吸,开始放松。闭眼,轻轻地放慢呼吸。集中注意力,感受空气从鼻腔进入又呼出。当然,冥想的教徒们听到这样的方法肯定会大惊失色,但是无论谁做,一定都会感受到前所未有的放松。

接下来的几次,更加注意自己的呼吸,直到呼吸变得很慢、很轻。把注意力放在自己的腹部;这种专注力的训练可以帮助改善思想涣散。你的大脑也会平静下来,远离那些一直在你脑袋里穿梭的思绪。这样的冥想可以拨开内心的迷雾、不解、压力、矛盾以及不可与外人道的秘密。我们慢慢学会接受自己原本的样子。这是人拥有大智慧的第一步。

因此,冥想并不是为了清空思想,而是为了驯化思想,不再与思想作斗争。静静地坐着,享受片刻,可以打开思路,让你变得更有活力、更敏锐——不会变得无动于衷。渐渐地,你可以试着完全地打开自己,摆脱那些束缚你的成见和偏见,面对现实的问题和困难时退一步,这样才能集中精力应对需要完成的复习任务。

第九章
自信与自尊

学校以及许多培训机构的"惯例"常常会消磨学生的自信。因此,经过反复几次失败之后,自尊也悄然而逝。一连串难看的分数,划满红线的试卷,随意批改后返还的作业,龙飞凤舞的一条简单的评语:"重做""态度不认真""学习不够努力",而这就是信心丧失的过程。要是你对上课的科目非常重视,那么随之消散的还有你的自尊心。

 警惕:这两者很脆弱!

诚然,学习要求同时具备:
- 强烈的"自信心";
- 不可动摇的"自尊心"。

这两个要素构成了学习强有力的推动力。没有动力,便不可能进步。更何况寻求知识的过程本质上是非常不稳定的。一个人,很难改变自己的思维模式和看待世界的方式。他对自我、对他者的分析或者他的参照系却很可能随时被颠覆。知识可以引领你进入你所不熟悉的世界,它是一种很不安全的因素,会让你摒弃现有的习惯,改变当下所有的理所当然。

从传统几何学到欧几里得几何学,从传统物理到量子物理,都意味着在未知世界实现了巨大的飞跃。理解欧洲各国的辅从性或者遵循全球化

第九章 自信与自尊 137

的进程也要求改变无数习以为常的现象。若没有充分认识到自己的潜能并为之努力进而达成目标,若对自身的价值没有正确的判断,这样的改变都是不可想象的。但同时,要达到这一步,也要跨越无数的障碍。

花点时间好好思考并在这两方面(自信+自尊)训练自己,你一定会找到克服现有不足的方法。也许你以为"自信心"和"自尊心"是天生的,但其实并非如此。

表面上,这两者是你生来就有的,是与你的天性相关的,因为学校从没有专门培训过。一定是宿命使然!有些人就是自信满满(太幸运了),而有些人则完全相反;有些人自尊心很强,还有些人并不是。这样看来,自信与自尊一直是隐形的、一成不变的。但其实,自信与自尊的强弱与你的家庭出身、社会背景、学校生活都有关。对自信与自尊进行磨炼,是可能的,也是必须的,这样才能呈现出最好的自己!

相关联但不相同

我们常常会混淆"自信"与"自尊"。确实,两者是相关联的,但是作出区分也很重要,这样才能有意识地培养。两者的本质是有差异的,特别是两者的培养和训练方式截然不同。

"自信"是我们对自我及自身能力的暗自评价。应对某种情况时,我们认为自己具备或不具备相应的工具和对策。"良好"的自信给人一种安全感。它既能成为学习的动力,也能成为从事一项工作的动力。

因此,自信是体现我们能力水平的温度计。

"自尊"也同样是我们对自我的暗自评价。它是与我们自身价值挂钩的。当我们完成一件自认为很有意义的事情的时候,我们会感觉到自我价值的实现。而当我们做了与价值观相悖的事时,我们便会"失去尊严"。

因此,自尊是衡量我们价值的气压计。

> 比如,若你认为自己是"数学的后进生",对数学这门课又不重视,那么即便你对解决数学问题的"信心"是微乎其微的,你也不会因此失去"尊严"。

💡 自信

若缺乏自信,那么没有任何东西能帮助我们在学业上获得成功![1] 学习的过程中,对自我的不断怀疑会形成巨大的阻碍,一个人会总是质疑"我够不够格"或是"我能不能做到"。而且,缺乏自信的人很容易受伤,因为一个小小的错误,别人对他的一句看法而失落。他会失去手边的资源,不会好好地加以利用。同时,他也会在考试的时候更加紧张。怎么办?一定不能任由自己如此。要好好地锻炼自信心,不过也要注意方式方法,千万不要用错了方法。

我们可以在网上找到成千上万条类似的广告:

"终于,一种真正有效的方法诞生了,能帮你获得、培养、重新找回牢固而又强烈的自信心。"

"没错,培养自信心,是完全可以做到的! 4 小时的培训,放心交给资深的训练师,你可以轻松学会三种技巧……"

当然每个人都有自己的方法和技巧。但麻烦的是,只有对那些会根据情境调整技巧的人而言,这些技巧才会"奏效"。其实我们所有人自身就具备重塑或加强自信心的潜力。要学会赋予自己力量,相信自己应对

---

[1] 对工作、人际关系、情感生活也是一样。

环境的能力。

说起来容易,但具体如何实现呢?将一种从别处学到的方法调整到自己能适用,是很困难的,因为需要自己做出改变……只可能提供一些路径、想法,让每个人能从中获得对自己有用的信息。但最为关键的,还是要靠你自己。或许可以把自己缺乏自信,或严重影响目前生活的事情与非常信赖的人(好朋友、伴侣)聊一聊。让他(她)给你一些中肯的建议,同时你也要虚心地听取。

只有在你自己实在无法解决的时候,再寻求医生的帮助。

各人各法,只要能让你有进步

每个人的个性和成长历程都不尽相同,因此没有一种通用的方法。必须找到适合自己的方法。这并不是说将自己封闭起来,别人往往能给你提供建议,帮助你走出自己的小世界。这也是一个认识自我的过程。

需摒弃的错误认识

认为存在现成的方法。必须会创造方法,参照别人的经验,将别人的办法做出一些调整以适应自己的需要。

认为"如果方法没有用,就是我的错""我自己不好""我不够格"。把犯错误和遭遇的困难看作是新的起点。

认为自己什么都做不了:"我遇到了瓶颈""我陷入了绝境""太难了""我没办法了",等等。想一想,依照你的水平和能力还可以"再多"做一点什么。

认为找一位专家,问题就会迎刃而解。一切从自身出发,一切依靠自己。其他人只能是一种资源,一种"帮助"。

如何提高自信?

自信对学习非常关键。事实上,自信能让我们不会因为害怕失败而退缩,能让我们接受并利用好别人对我们的批评。在整个学习过程中,自信可以帮助我们抓住眼前的机会,甚至毫无保留地绽放自己。以下是几条找到自信的可能路径。

1. 对现状作出评估:充分认识自己的潜在能力和优势

自信取决于对自己优势的认识程度。我们每个人都有各自的潜在能力和优势。只是因为缺少对自我的认识,特别是对所需技能的认识,我们才不懂得如何充分利用巨大的潜能。我们看到的往往是自己的不足,让自己失败的短板。

因此,首先要把自己所有会的技能列一张清单,不单单只是:

- 我会跳霹雳舞、查尔斯顿舞、爪哇舞;
- 我会缝衣服、打毛线、用铁钩;
- 我会带球过人;
- 我会做粗麦粉、西班牙什锦饭、中式火锅。

把关注点放在自己成功、获胜的事情上,包括学校的或者校外的兴趣班,每个星期记得把所有大大小小成功的事情写在一个小本子上。遇到困难的时候,翻开小本子,回味一下这些成功,就可以重新鼓起自信心。

想一想那些你可以避免的失误。失败对学习有着非常重要的意义,若我们懂得从中吸取教训的话。不要把所有的烦恼归因于校内或者校外遭遇的困难。这是一种偷懒的做法,但会让你无法看清自己真正的问题在哪里。口述报告没有做好?原因并不在于准备的内容不好,而是你缺乏自信,对不对?

2. 积极一点!

以一种积极正面的方式去谈论你的生活和正在完成的研究项目。消极的想法会一点一点地侵蚀自信心,并不是不把自己说成"一无是处",才叫有自信心,而是要试着摆脱那些消极的想法,训练自己积极地看待问题,不断地鼓励自己,而不是贬低自己。

起初,可以先停止怀疑自己。摆脱某种负罪感:负罪感会成为侵蚀信心的毒药。花些时间,想一想你童年时期失去自信的那些瞬间。试着找到其原因,是因为爸爸妈妈?还是因为某位老师?

3. 从小目标开始

让自己重拾信心的第一步,是给自己制定一些容易达到的小目标:

- 一小时背下一张学习卡;
- 喜欢的科目取得的成绩。

若实现,别忘了奖励自己。每次自己获得小小的成绩,就给自己一点小奖励,庆祝一下。

4. 选择自己的圈子

自我价值越得到实现,自信心也会越强。而往往当自信心崩塌的时候,周遭都是不好的声音。围绕在我们周围的,都是会轻易批评别人的人,但对这一点,我们可能浑然不知。所以,选择那些能接受你原本模样的朋友,他们不会用贬低别人来取悦自己。不要在与别人谈话时,一味地讲那些自己假想出来的问题。

学会管理分数

在学校或在职场上,被评判后获得的分数会成为丧失自信心的一个强有力的因素。几点建议来应付成绩不佳的情况:

- 提醒自己,成绩只是对你学习或工作的评判,并不是针对你这个人。一个不好的分数并不意味着**你这个人**一无是处。你的学习或工作可能在某个时间点不过关,但不是你这个人……
- 找出错误,丢分最多的那些错误。想一想,自己该怎么做可以防止再犯,不要用失败主义者的那套说辞:"我永远也做不到。"
- 将不理想的分数当成一种激励自己的动力。即使从最差的开始,每一点进步都会让你更自信。

信任别人

有自信心当然是好事,但是也要关注另一个问题,信任别人:学习小组的其他同学,老师或者组织。妨碍我们信任别人的因素经常会存在:不相信老师或者所在的学校、机构。如果可以选择的话,要好好选一选学习的地方、依赖的学习工具(书本、软件……)。要事先咨询一些可靠的人士或者网站。

若不能选择,也要尽量利用可利用的一切资源,可以依据一些能够找到并且确凿可信的数据。

当然,缺乏自信也有可能源于准备不足。对自己没有把握的事做最充分的准备,可以提高自信心。这里也有几个小窍门:

- 做出自信的样子:身体站直,头微微抬高,微笑,直视对面的人。假装很镇定可以让自己变得更自信。

- 不要与别人比较。与别人比较是非常不利的,因为我们总会找到在某一方面比自己强的人。每个人都有他的潜能和局限!

- 听一段振奋人心的音乐:振奋人心的音乐能提高士气,增强自信心。

- 在校内学习以外,选择一个你能获得成功的、自己擅长的领域:运动、烹饪,甚至是手工。为自己找到一种舒适的状态,并不断取得进步。

克服怯场

手心潮湿,背后、额头冒汗,双腿发软,口干舌燥,最后心怦怦乱跳,这就是怯场!作报告或者求职面试的时候,你就完全呆若木鸡。你失去了许多能力,忘记了自己的所学。

怯场并不是天生的。太正常不过,测验前也都会紧张。你若懂得调节的话,也就是说与胆怯结盟的话,它甚至能成为一种"绝招"。你的大脑完全清醒,你的身体与你说的话达到完美的协调。当然,你若缺乏自信,那么便给了"可恶的怯场"以滋生的土壤。

让它知难而退的方法有:

1) **保持距离!** 测验前备考时,花一点时间想一想自己。不要总想着内在,外在的表现方式也同样重要。花点时间增强自信心和自尊心(看看做过的练习)。

2) **积极一点!** 不要丧气,不要说你自己做不到,不要想象那些失败的场景。弥补自己的缺点和不足,没有这些缺点和不足,你会做得更好。想象自己具备的能力和优势。这会增强你的自信心。

3) **做好充足的准备!** 拖延,准备不足都会产生紧张、焦虑的情绪。因此最好做好万全的准备。测验前,准备好学习卡,记住卡片内容,或了解学习卡的顺序和用途,会让你更充分地使用它。要背诵一篇课文的话,记清楚,一字不差。

4) **训练自己应对困难的能力!** 将自己置于测验的场景中,想象一下到时的环境、场合、监考官以及考试当日可能会碰到的考题。

让朋友帮你模拟"真实的"测验场景,以更好地做准备。他们可以扮演考官的角色:

- 向你提问(求职面试);
- 给你设置陷阱;
- 让你不安。

这样的训练能让你根据实际情景做出反应,学会不让自己"不知所措"。

5) **仪式感**!你为什么不学学那些艺术家呢?

准备一件让自己不怯场或能为自己带来好运的东西:

- 一件衣服;
- 口袋里装一个"护身符"。

或者用一个行为增强仪式感:

- 喝同一款饮料;
- 吃自己最喜欢的食物;
- 做一个增强"自我"意识的动作。

6) **控制呼吸,自我放松**!测验前,试着放松自己。闭上眼睛,一只手放在腹部,深深地用鼻子吸气,然后慢慢吐气。吸气的时候,握紧拳头,屏住呼吸,然后用力张开双手。重复几次,再做收紧下巴或者耸肩的动作。这些动作重复做几次,每个动作之间稍作停顿,调整呼吸。做所有动作的时候要慢慢地,感受自己的身体。

然后集中精神,清空大脑,然后渐渐让自己适应情境,准备好……

7) **冲刺**!

💡 自尊

每个人无时无刻不在对自己做着评价,正面的或负面的:处于某种情境的行为、表现、能力、成绩。拥有好的自我印象——换句话说,就是"自尊"——可以增强潜在的自信心,这样会更容易克服困难,甚至打败对手。

强自尊可以保护自己,也是学习的"绝招"。相反地,如果不配备这样的"武器",必然会不断地质疑自己。有可能会自残,甚至有时对自己产生"厌恶"。整个一生,都会陷在失败中无法自拔,为自己找借口,而不是勇敢地面对。

一个拥有很强个人自尊的人学习和记忆都会更快;一开始就会意识到客观存在的困难,并想办法克服。学习或培训的过程中,也会表现出极强的责任感。他(她)会充分利用自身内在的优势,更好地应对困难。

强自尊还能产生一种具有建设性和适应性的"能量",可以让人面对:

- 新奇;
- 未知;
- 不同于自身的他者。

强自尊可以让人认同自己的身份,产生一种延续的、内聚的情感,这些都是助力学习的重要参数。强自尊的人会更坦然地接受困难、阻碍、批评,更勇敢地捍卫自己所珍视的东西,也更容易达成既定的学习或培训目标。然而,要是认为自己是平庸无能的,那么必将永远碌碌无为。

为什么有些人自尊强而有些人自尊弱?很难说清楚个中缘由。不过肯定要从童年时期开始找原因。似乎最理想的情况是：
- 孩子无论什么样都能被接受；
- 父母相信孩子一定会成功。

不过也并不是那么简单。在需要战斗或不停地与人对抗才能生存下去的时候，我们同样可以增强自尊。相反地，在一个安乐窝里，一定培养不出对自我价值坚信不疑的人。自尊的强或弱，取决于我们赋予自身的价值。

如何培养自尊？

要想培养自尊，必须相信自己的能力、价值和优势。心理学家在自身能力之外又加了一条，被爱。若迄今你尚未获得这样的自尊，也没关系，不用灰心，可以通过日常的训练来培养。

规则1：培养自尊，首先要认清自我。为自己留出一些时间。为自己着想不是罪，不是没良心，而是你有这个权利。每天花一点时间在自己身上，就会增强这样的意识：我很重要，我是值得的！

如果可能的话，时不时地在浴缸里泡一会儿，挤满泡沫。好好享受片刻的舒适，告诉自己："白天无论发生什么都不重要。我可以让自己开心，我可以重新开始。"

这些行为本质上并不重要：喝一杯酒，欣赏一棵树，等等。选一样自己喜欢的。关键是：
- 做这件事的时候自己感受到舒服；
- 你赋予这件事以重要意义。

我们每个人都被赋予了一种强有力的冲劲，不断地进步，不断地重新开始。要抓住这一动力，并将其转变成能达成既定目标的助力。

规则2：必须从错误或不幸中重振旗鼓。能在每一个错误中吸取教训。每一次不幸总有积极的一面。问问自己："从这个错误中我可以吸取什么有利的东西？""我在哪里弄错了？怎么做才能避免再犯？"首先，不要过分夸大错误，而只是将它视作单纯地"走错了一步"，很有意义，立刻找到办法解决它，防止再犯。

若遭遇失败，不能一直垂头丧气。不要认为是因为你这个人不行。问问自己："从这件伤心事中我可以吸取什么有利的东西？""碰到这样的伤心事，我比以前更坚强，更敏锐，更坦然吗？"

然后确认：

- 自己克服了一个困难；
- 不仅经历了一场不幸，而且从中获得了智慧。将会对自己产生更大的尊重。

规则3：试着尊重自己。你必须摆脱缺失尊重的感觉，尤其若你在童年时期从未被尊重和重视过。有好几种方法，选择一种与你自身最相符的试一试：

- 把你经历过的自己未被尊重或重视的情况都描述出来，做一个象征性的动作，告诉自己："够了！"扔掉那些让你受不了的东西，放进树洞里。
- 在那些爱你的人（母亲、父亲、老师、朋友）的眼中看看你自己的样子。想一想，你希望他（她）跟你说什么。
- 回忆一下你小时候是一个怎样的孩子。拿一张小时候的照片，问小时候的自己几个问题：
  ▸ "你觉得自己不被尊重、不被重视的时候，是什么感觉？"
  ▸ "家里的生活是什么样的？"

▶ "听到什么样的话,你会开心?"

用现在的答案去回答以前的问题,这样可以让我们认真看待自己的童年,倾听住在我们身上的那个孩子的声音,甚至为自己构建另一个童年。如若这个过程太艰难,别犹豫,找个人陪陪你。

规则 4:每天做一点让自己高兴的事,自己一个人做的事,能让自己感到舒服,受到鼓舞。特别是:

- 睡醒之后对着镜子微笑;
- 停下来欣赏自己;
- 深情并大声地对自己说一句积极的话;
- 即使取得一点小成绩,也为自己庆祝。

无论是孩子还是成人,都需要被哄。不要把希望寄托在别人身上。如果能从别人那里得到,当然再好不过,但是,自己为自己服务才是上上之选。相信自己,自尊一定会被重塑。

沮丧的日子该如何度过?

总有些时候,做什么都不顺利,什么都做不成:无法学习,拿不到好成绩。打倒鸵鸟政策!摆脱这样的困境,就不能被怀疑、沮丧、消沉的情绪所困扰。

首要做的事就是让自己站起来。可以:

- 喝一杯茶或果汁;
- 泡泡澡;
- 散散步;
- 放一段特别喜欢的音乐。

不要喝酒、服药或吃兴奋剂。坐好,听一听自己的故事:

- 做了什么？
- 什么没做好，哪里犯了错？不要急于对自己进行判断或批评。

这就是所谓的"理解自我"的第一步。我们试着从错误中汲取教训，思考该怎么做可以不犯错。我们确认：

- 一方面，自己的不足，特别是准备上的不足；
- 另一方面，自己的能力。

如果自己一个人难以完成，那么找一个朋友聊一聊。特殊情况下，若总是出错，情况一直没有好转，那么就去咨询一下专业人士。及时地寻求帮助有助于渡过那些本以为难以跨越的难关。

我们每个人都有局限和短板。不要把这些当作生活的常态。认识自我是学习机制不可或缺的组成部分。关注自我，便是学会更好地认识自我，更好地维持自己的价值、选择与社会条件约束之间的动态平衡。

当然，这些方法适用于高强度的学习或者复习开始之前。好好享受假期的空闲。若不能，也不必着急。花 2—3 天的时间，比如一个周末，给自己打打气。这样做不是浪费时间，而是会激发你学习的动力，之后会变得更有效率。

增强自尊最好的办法莫过于做一些适合自己的事情。当自己的言行与价值观相符的时候，我们一定会获得更强的自尊。当然，说起来容易，做起来难。学习或接受培训的时候，这些道理从不是那么"显而易见"的。出于各种各样的原因，我们常常会偏离正道，比如为了合考官的心意。

但无论发生什么，我们都应该知道，我们可以依据自己的判断随心所欲地做事。

过犹不及!高估自己的风险

当然,和任何事物一样,自尊也会与一些其他的价值相冲突。当自我利益凌驾于他人利益之上的时候,很容易形成自我膨胀,以及一系列的专断行为。

现今社会,我们重视的是自我利益,或者说是自我,而不是群体的利益。有些孩子被家人溺爱,而变得以自我为中心、自负、难相处。他们可能会因为自满而面临许多难以想象的风险。

对自己始终抱有适当的怀疑,才能形成真正的自尊。自信与短暂的自我怀疑应当并驾齐驱。同样地,接受教育的过程中,自尊与尊重他人也是密不可分的。

学习中学习者的地位

自信和求知欲与学习者在学习中的地位直接相关。学校或培训机构往往只关注"内容",而忽略了学习者及其所具备的学习能力,这种情况太普遍了。1792年,让-雅克·卢梭在《爱弥儿》一书中写道:"赋予孩子以求知欲,那么所有方法都是好方法。"

我们或许可以稍稍改动一下这句话:"给一个人表现的机会,那么所有方法都是好方法。"当一个人清楚地知道我是谁,我想做什么,我要捍卫的价值是什么,那么他(她)自然会去探寻自己所需要的知识。他(她)会马上行动,让自己想要学到的知识为己所用,他(她)会反复地摸索,会犯错也会及时纠正。在这个过程中,他(她)会投入极大的热忱。

一些培训常常会把学习者变成知识或训练的消费者,消费者的特点是,被动地等待一切,因此整个培训会变得异常艰难。

比如，缺乏自尊会带来种种痛苦，其表现形式多种多样，有丧气、焦虑、胆怯、人际关系紧张等。

自我价值的实现、很强的自尊、达成愿望的迫切，这些都是对我们的一生起着重要作用的因素。而这三个因素也可被视作"学习的通行证"。因此，增强自尊、自信，明确自己的愿望，应成为教育的重点。但学校和培训机构都没有这么做，所以要靠我们自己。首先可以：

- 更好地理解自我，充分认识自己的潜在能力；
- 设定清晰的目标，明确自己为达成这些目标的迫切愿望；
- 找到真正适合的解决之法，无论是在学习中还是生活中，然后做决定。

当然，之后应当学会遇到任何情况，以"最优"方式做上述这些事。不要在学习中追求完美，否则会遭遇太多的困难和矛盾，很难达成。以改正一个小缺点、达到某一要求或让人满意作为目标。也许你应该：

- 改变那些过于束缚你的行为和习惯。首先，你要学会抱着乐观积极的态度，问问自己："怎么做才能让一切顺利？"而不是"为什么这么不顺利？"
- 管理情绪，也就是要摒弃某些情绪；不管怎样，要学会有分寸地"利用"这些情绪；
- 解决压力、紧张、焦虑或其他身体问题（参见第八章）。

5条戒律

贴在房间或书房里，来增强你的自我价值感：

1. 别人不会为你的问题负责。自己去找解决问题的办法。

2. 保持乐观的态度,学会从错误中吸取教训。
3. 勇敢地应对冲突,不要逃避。勇敢地应对困难,不要无视。
4. 不要万事求保险。学会估量风险、挑战风险。
5. 不要害怕失败。接受自己的短板并将它们变成自己的优势。

第十章
遭遇失败,该怎么办?

💡 直面失败

失败常常会让我们丧失信心,甚至会感觉被孤立。不断的失败会降低学习的欲望,自尊也会受到冲击:"我永远也学不会""我简直是个蠢货"……最终,学生放弃学业。

让人痛心的是,初中、高中、大学或者培训机构,从来不会为增强学生的信心而努力。中学教师想得最多的是,学生不及格,是他(她)自己不想及格:"他太懒了!""他没有好好用功。"而大学教师则充分意识到学生的困难,会专门留出时间,准备练习进行补考。

要是学校、老师什么都不做,你也一定不能放弃。你要做两件事:不要灰心,从失败中吸取教训。

1. 不要灰心

遭遇失败,不要垂头丧气,也不要埋怨老师。所有的一切都要靠你自己;不要把所有希望寄托在学校或者培训机构上。另外,把你的考试成绩和你这个人区分开。考试成绩不理想,试着找出原因。运气不好,准备不足,还是学习或复习方法不够高效?失败指向的是你递交的试卷,老师对你作业的评判,并不指向你是什么样的人。你的试卷,或者你的作业可能还有很大不足,不代表你这个人……

当然,若一直失败,那就必须好好总结下你的学习活动,否则会极大地挫伤你的自尊,甚至会导致你无论碰到什么考试,校内的或校外的,永远无法信心十足地面对,一直选择逃避。

认清自己潜在的能力和优势。不要总看到自己的不足。想一想自己以前获得的成绩、傲人的成功,包括校外兴趣课的优异表现。认清哪些失败原本是可以避免的,格外重要的是,保持积极的心态。警惕身边的人:他们也许会打击你。选择那些能鼓励你的人做朋友,最好是能帮助你走出困境的人(参见第九章)。能够说出困难,找到自己的位置,清楚自己重视的是什么,这才是重要的。

2. 思考自己的失败和错误

如何认清失败,改正错误呢?首先要弄清错误的根源。重点是:你要是自己能知道错在哪里,那么在克服困难的路上,你已经迈出了一大步。

尝试摆脱困境,首先可以设定一些容易达成的小目标:

——喜欢的科目取得中等的成绩;

——完成一套练习册;

——背一页不规则动词表。

不要忘记做到之后给自己奖励:每获得一点小小的成绩,都要为自己喝彩,这样才能让自己一直保持积极向上的状态。

 几种主要的错误

1. 学习不用功造成的错误

这种情况,问题很简单,从做好下面的事情开始:

- 好好上课,不要开小差;
- 完成全部练习、作文或者综述;
- 熟记公式、日期、课文。

开始学习之前,解决好学习动机的问题,还有学习中可能碰到的障碍(参见第二章)。

2. 对题干要求理解有误造成的错误

每门课使用的不同表述方式也会成为导致错误的原因:

- 需要认识的新词:
  - 例如,经济学上的"通货膨胀""回报";哲学上的"观念""范式"。
- 日常用语用作表达不同的含义:
  - 例如,物理上的"力""功率""做功"与这些词在日常语言中的意义(分别为"力气""实力""工作")完全不同。
- 每门科目的专有词汇:
  - 例如,数学中的"假设"是一种公理,也就是说预先假定的条件,而在物理中,这指的是应该被证明的假定。

题干中用到的词有时也不明确:"分析""指出""解释""阐明""总结"……

多读几遍题干,弄清楚其中用到的动词到底要求你做什么:

- "观察""审视""探究":做评论。
- "挑选""合并":做分类。
- "排列""分级""排序":做排列顺序。
- "圈出""划线""找出""指出""列表""编索引""盘点":做索引。
- "证明""解释""定义""推断":做阐释。

仔细辨别不同的用词习惯、答题方式、每门课或每位老师的未言之意。

3. 误读教学大纲的准则造成的错误

许多错误都源自无法正确解读默认的相关规则。

例如，数学上，我们都是从定律出发：

- 一道题有且只有一种解法；
- 解题时，要用到所有给出的数据，因为一般假定这些数据都是有用的；
- 如果你的答案不是唯一数值，那么很有可能算错了，等等。

做练习的时候，也要学会解读这门课的默认规则。数学上，我们可以用到数字和符号。我们可以用类似发电报的方式解题。法语、哲学，甚至历史的练习，则必须用正确的语句进行严谨的论证。

4. 与思维活动本质相关的错误

你表述不清晰或不准确？翻翻以前的试卷，看看老师的要求，应该达到怎样的程度，才算是严谨的论证、清晰的表达？

还可以向前几年上过同一门课的同学讨教。如果是选拔性的考试，可以好好研究一下以往的真题。

5. 学习方法不对造成的错误

你来不及做完？回家好好训练，规定时间内完成测验卷（笔头或口头练习……），给自己计时。不要太追求完美，不要在头几个大题上浪费太多时间。无论是测验还是考试，要养成合理安排时间的习惯。

你都已经学过，但一碰到测验或考试，就都不会了？复习或练习的时候，模拟测验、考试的现场。复习时，可以自己一个人或找几位同学一起做角色扮演。像测验、考试那样，向自己提问。给自己规定好准备的时间。为确保自己已经完全掌握，向自己提问或者让别人问你问题，重新做一遍练习或者回答一遍课本最后一章末尾的几个问题。

6. 知识过剩造成的错误

你参加考试,"脑袋里装着很多东西",这很正常。若是你因为粗心或者不专心做错了题,那么想一想是不是因为太累了。测验之前做几节放松操。最后一刻也不放过,也要抓紧复习。提前安排好自己的复习任务。

首要的是,考试那天,仔细检查自己写的东西,好好看看自己写下的是不是就是自己想写的。认真誊写,确保草稿纸上写到的要点没有遗漏。

你若每逢测验就感觉紧张,甚至紧张到无法发挥,那么首要的是努力克服这种情绪(参见第八章)。